MIS MENÚS FAVORITOS

SUSANNA PALAZUELOS

Mis MENÚS *favoritos*

Susanna Palazuelos

Grijalbo

Mis menús favoritos

Primera edición: noviembre, 2014

D. R. © 2014, Susanna Palazuelos

D. R. © 2014, derechos de edición mundiales en lengua castellana:
Penguin Random House Grupo Editorial, S.A. de C.V.
Blvd. Miguel de Cervantes Saavedra núm. 301, 1er piso,
Colonia Granada, delegación Miguel Hidalgo, C.P. 11520,
México, D.F.

www.megustaleer.com.mx

Comentarios sobre la edición y el contenido de este libro a:
megustaleer@penguinrandomhouse.com

ISBN 978-607-312-656-4

Impreso en China / *Printed in China*

Con cariño y agradecimiento dedico este libro a mi madre, Margot, a mi esposo, Mario, y a mis hijos, Eduardo y Carla.

ÍNDICE

PRESENTACIÓN

Desde muy pequeña tuve el privilegio de vivir en Acapulco, una hermosa ciudad que gracias a su increíble clima tropical y fértiles tierras nos brindaba frutos y legumbres de todo tipo que mi madre preparaba con mucho esmero para realzar el sabor de los diversos pescados, mariscos y frutos de mar que los pescadores de la región nos traían a diario, después de su faena madrugadora en las abundantes lagunas y hermosas costas que rodean ese mítico lugar.

Fue ahí, detrás de los fogones de la cocina familiar, que surgió mi pasión por la cocina. Quedaba maravillada al ver cómo a través de la alquimia y la sazón se transformaban los ingredientes para convertirse en verdaderas sinfonías de sabor para el paladar. Maravillada ante los resultados de la dedicación y el esfuerzo que mi madre imprimía en los platillos que preparaba para los invitados que nos visitaban, decidí comenzar a rescatar todas esas recetas heredadas de generación en generación. Ése sería el comienzo de mi inspiración por el arte de servir banquetes y fiestas, en donde con el mismo esmero y dedicación que mi madre comparto todos los secretos que aprendí de la familia.

La cocina mexicana es variada e inigualable, producto de los intercambios culturales entre el viejo y el nuevo mundo. El mestizaje culinario comenzó con el arribo de los españoles a las costas del nuevo continente, logró perfeccionarse gracias a las especias de Oriente que llegaron en el Galeón de Manila y refinarse con técnicas culinarias más sofisticadas, herencia de la breve permanencia francesa en este país. Hoy día, cuando nos sentamos a la mesa frente a un platillo de cocina mexicana, degustamos siglos de historia.

No sólo la cocina mexicana ha sido la que ha dado cuerpo a este libro. También se respiran aquí los aromas de la cocina internacional, secretos que he recabado a lo largo de mis incontables y afortunados viajes alrededor del mundo, y que al fin puedo plasmar aquí para beneplácito de los amantes de la gastronomía.

En este libro quiero brindarles a todos aquellos que también disfrutan de preservar recetas auténticas y originales algunos de mis menús favoritos, presentados de forma original y con ideas prácticas para consentir hasta al paladar más exigente. Espero que encuentren aquí la inspiración para crear nuevas experiencias gastronómicas. Que disfruten la vida cocinando y degustando nuevos sabores y platillos, y que así como yo lo he hecho toda la vida, compartan con sus seres queridos el amor por el arte de la cocina.

Susana Palazuelos

Mis MENÚS favoritos

ENSALADA DE NOPALITOS Y JÍCAMA

Fotografía: Ignacio Urquiza

Rinde 6 porciones

Grado de dificultad: medio

Tiempo de preparación: 30 minutos

Ingredientes

3 nopales pelados y cortados en tiras
• 1 cucharada de aceite de canola • 2 tazas
de jícama pelada y rallada • 2 cucharadas
de jugo de limón • 6 cucharadas de aceite
de maíz • 3 cucharadas de vinagre de vino
tinto • sal y pimienta negra recién molida
• chile piquín en polvo • 3 tazas de berros,
lavados y sin tallos • 3 aguacates pelados y
cortados en tiras • 3 tomates cortados en
cubos.

En una sartén saltear los nopales en aceite de canola a fuego alto hasta que estén tiernos. Reservar. En un tazón mezclar la jícama con el jugo de limón y la sal. Mezclar aparte el vinagre con el aceite de maíz y sazonar con sal y pimienta. Para servir coloque la jícama en el centro del plato, espolvoréela ligeramente con el chile piquín y agregue los berros, los aguacates, los tomates y los nopales alrededor y agregue la vinagreta sobre la ensalada.

Fotografía: Ignacio Urquiza

LOMO DE CERDO CON SALSA DE CHILES Y JAMAICA

Rinde 6 porciones

Grado de dificultad: medio

Tiempo de preparación: 2 horas
y 30 minutos

INGREDIENTES

1 lomo de cerdo de 1½ kg • ¼ de cucharada
de aceite de oliva • 1 cucharadita de
sal • ¼ de cucharadita de pimienta negra
recién molida • 2 cucharadas de harina
de trigo • 6 chiles guajillos asados, limpios
y sin semillas • 5 chiles anchos, asados,
limpios y sin semillas • 6 chiles
de árbol asados, limpios y sin semillas
• 1 ½ cebolla asada • 1 cabeza de ajo pelada
y asada • ½ taza de vinagre de manzana
• ½ taza de aceite • 8 clavos de olor
• 1 cucharada de comino • sal y pimienta
al gusto • 1 taza de flor de Jamaica
• 2 tazas de agua.

Para preparar la salsa

En una cacerola poner agua a hervir y agregar todos los chiles durante 5 minutos, hasta que se ablanden. Colar y reservar. En una olla calentar 2 tazas de agua con 1 taza de flor de Jamaica, hasta que se concentre. En un procesador de alimentos licuar la cebolla y los ajos asados, el vinagre de manzana, el concentrado de agua de Jamaica, los chiles blandos, el aceite, el clavo, el comino con la pimienta y la sal. De ser necesario, agregar un poco más de agua.

Para preparar el lomo

Precalentar el horno a 200 grados centígrados y eliminar la grasa de la carne. Untar el lomo con el aceite, la sal y la pimienta y espolvorear la harina en toda su superficie, presionando con las manos para que se adhiera. Poner el lomo en un recipiente para horno y hornearlo sin tapar de 10 a 15 minutos, hasta que su superficie esté ligeramente dorada. Agregar una porción de la mezcla de los chiles y la Jamaica, cubrir el recipiente con papel aluminio y bajar la temperatura a 170 grados centígrados, hornear de 1 ½ a 2 horas o hasta que la carne esté tierna. Pasar el lomo al recipiente para servir. Cortar el lomo y bañarlo con el resto de la salsa.

ROLLO DE GUAYABA

Fotografía: Ignacio Urquiza

Rinde 6 porciones

Grado de dificultad: medio

Tiempo de preparación: 90 minutos

INGREDIENTES

2 kilos de guayaba • 300 gramos de azúcar
• ½ kilo de pasta de hojaldre • 1 huevo
batido • 2 cucharadas de mantequilla
• 50 gramos de azúcar glas.

Salsa de pulpa de guayaba

Pulpa de la guayaba • 350 gramos
de azúcar.

Precalentar el horno a 200 °C. Lavar y limpiar las guayabas. Quitar la pulpa y reservar. En un recipiente cocer las guayabas con el azúcar, hasta que estén tiernas. Retirar del fuego y enfriar. Extender la pasta de hojaldre en forma de rectángulo, colocar las guayabas en medio y a lo largo. Pintar las orillas de la pasta con huevo y cubrir el relleno, envolverlo. Pintar el rollo con el resto del huevo, reservar un poco de pasta de hojaldre para elaborar una red que cubra el rollo, volver a pintar. Formar un rectángulo de papel aluminio engrasado con la mantequilla del tamaño necesario para cubrir la charola. Colocar en una charola y hornear durante una hora a 220 °C hasta que la pasta esté lista. Retirar el rollo del horno, subir la temperatura a 300 °C. Espolvorear el rollo con azúcar glas y meterlo al horno por 4 minutos más. Retirar.

Salsa de pulpa de guayaba

Colocar en una cacerola a fuego medio la pulpa de la guayaba, con el azúcar y agua hasta cubrirla, moviendo constantemente para que no se pegue y espese. Retirar y dejar enfriar. Pasar la pulpa por un tamiz. Colocar en una salsera. Colocar el rollo en un platón para servir con la salsa a un lado.

Fotografía: Ignacio Urquiza

TORRE DE CANGREJO

Rinde 6 porciones

Grado de dificultad: medio

Tiempo de preparación: 60 minutos

INGREDIENTES

½ kilo de pulpa de cangrejo cocida
• 6 ½ kilos de langosta cocida picada en
trozos (opcional) • 4 cucharadas grandes
de mayonesa • 2 cucharaditas de jugo de
limón • 2 ramas de apio picado • 3 cucharadas
grandes de cebollín picado muy fino
• 3 aguacates cortados en cubitos
• 2 jitomates grandes picados y *bien
escurridos* • 3 cucharadas de cebolla morada
picada • 3 cucharadas de aceite de oliva
• sal y pimienta molida • 2 cucharadas de
perejil picado muy fino • 1 cilindro de PVC
o de acero inoxidable de 5 cm de alto por
7 de ancho.

Limpiar bien la carne de cangrejo para quitar cualquier pedacito de concha, colocar la carne en un tazón. Mezclar con la mayonesa, el jugo de limón, el apio y los cebollines. Salpimentar. En otro tazón mezclar el jitomate, la cebolla morada, el aceite de oliva, la sal, la pimienta y el perejil. Para hacer la torre: colocar dentro del cilindro un poco de la mezcla de cangrejo en el fondo, colocar los cubitos de aguacate encima y terminar la torre con la mezcla del jitomate. Desmoldar y servir frío.

COSTILLAR DE CORDERO CON SALSA DE MENTA Y PIÑONES

Fotografía: Ignacio Urquiza

Precalentar el horno a 200 °C. Limpiar las costillas quitando el exceso de grasa y la carne de sus partes. Sazone con sal y pimienta. Sellar las costillas de cordero en una sartén con un poco de aceite caliente. Colóquelas sobre una rejilla encima de una charola de horno. Horneé aproximadamente 15 minutos para que su cocción sea término medio. Para presentar acomode el costillar completo en el plato en el que se va a servir sobre un espejo de salsa de menta. Acompañe con verduras al vapor y puré de papa o camote.

Salsa de menta

Agregar todos los ingredientes en un procesador de alimentos y licuar hasta obtener una consistencia suave. Corregir la sazón.

Rinde 6 porciones
Grado de dificultad: medio
Tiempo de preparación: 30 minutos

INGREDIENTES

6 costillares de cordero grande (300 g) • sal y pimienta al gusto • aceite vegetal para freír.

Salsa de menta

1 taza de hojas de hierbabuena (menta verde) • ½ taza de hojas de cilantro • ½ taza de hojas de perejil • 1 cucharada de piñones blancos • 7 cucharadas de miel de abeja • 10 g de jengibre fresco pelado • 8 cucharadas de vinagre de arroz • 6 cucharadas de aceite vegetal • sal y pimienta blanca al gusto.

TIRAMISÚ
DEL CHEF
EDUARDO SILVA

Fotografía: Ignacio Urquiza

Rinde 6 porciones

Grado de dificultad: medio

Tiempo de preparación: 45 minutos

INGREDIENTES

Sabayón de queso mascarpone

125 g de queso mascarpone
• 4 yemas • 4 huevos • 5 cucharadas de
azúcar glas • 4 claras • 2 ½ cucharadas
de azúcar refinada • 200 ml de
crema montada.

Galleta crujiente de café

75 g de harina • 45 g de mantequilla
• 1 ½ cucharadas de café
soluble • 1 ½ cucharadas de agua
• 75 g de azúcar • 1 pizca de sal
• ¼ de cucharadita de royal.

Gelée de café

160 ml de agua • 200 g de azúcar refinada
• 35 g de leche en polvo • 45 g de café
soluble • 135 g de crema para batir
• 5 g de grenetina.

Sabayón de queso mascarpone

Poner en un bol a baño maría las yemas, los huevos y el azúcar glas moviendo continuamente con un batidor de globo y evitar que se formen grumos durante la cocción. Retirar cuando se obtenga una consistencia de punto de listón (hilo delgado, elástico y resistente) y poner a trabajar en la batidora a alta velocidad para enfriar y al mismo tiempo montar. Una vez fría la sabayón, incorporar el queso mascarpone, después la crema y por último las claras montadas previamente con el azúcar refinada.

Galleta crujiente de café

Acremar la mantequilla junto con el azúcar y la sal, posteriormente incorporar el café disuelto previamente en el agua y por último agregar los ingredientes secos hasta lograr una masa homogénea. Refrigerar 15 min y extender con rodillo a un grosor de 2 mm aproximadamente. Colocar en una charola y meter al horno precalentado a 180 °C por espacio de 20 min aprox. Sacar, enfriar y trocear en forma irregular. Reservar.

Gelée de café

Poner en un cazo todos los ingredientes al fuego, excepto la grenetina, y dejar reducir hasta lograr una consistencia muy espesa. Retirar y agregar la grenetina previamente hidratada. Dejar enfriar.

Montaje

Llenar hasta la mitad con la sabayón de queso mascarpone unas copas o un refractario, después poner la galleta de café y volver a poner más sabayón encima, refrigerar y una vez frío verter *gelée* de café (tibio) en toda la superficie hasta cubrir bien, meter nuevamente a refrigeración. Decorar con chocolate.

Fotografía: Ignacio Urquiza

ENSALADA RICARLA

Rinde 6 porciones

Grado de dificultad: medio

Tiempo de preparación: 30 minutos

INGREDIENTES

½ kg de espinacas cortadas en tiras • 2 betabeles crudos, pelados y cortados en tiras finas • ½ kg de col morada finamente picada • 1 jícama de 250 g pelada y cortada en tiras • ½ cebolla cortada en aros finos • 150 g de acitrón cortado en cuadros pequeños • 1 taza de cuadros de pan fritos • 100 g de amaranto.

Vinagreta

½ taza de aceite de maíz • 2 cucharadas de vinagre de manzana • 2 cucharaditas de salsa de soya • 1 cucharadita de estragón seco • ½ cucharadita de orégano seco • granulado de pollo en polvo • ½ cucharadita de finas hierbas.

Salsa de aguacate

1 taza de leche • 2 dientes de ajo pelados • 1 cucharada de jugo de limón • 1 taza de crema • 3 aguacates pelados y sin hueso • 2 cucharaditas de cebollín picado finamente.

En una ensaladera mezclar las espinacas, el betabel, la col, la jícama, la cebolla y el acitrón. Para servir: mezclar la ensalada con la vinagreta, agregar los dados de pan frito por encima y espolvorear con semillas de amaranto. Acompañar con salsa de aguacate.

Vinagreta

Mezclar todos los ingredientes y corregir la sazón. Debe hacerse con varias horas de anticipación.

Salsa de aguacate

Hacer un puré en un procesador de alimentos con la leche y el ajo, el jugo de limón, la crema, los aguacates y sal al gusto. Mezclarlo con el cebollín y pasar a una salsera. Si se prepara con 2 horas de anticipación adquiere mejor sabor.

BROCHETAS
DE CAMARONES
CON DÚO DE SALSAS
(MANGO Y TAMARINDO)

Rinde 6 porciones

Grado de dificultad: sencillo

Tiempo de preparación: 45 minutos

INGREDIENTES

36 camarones U12 con cáscara • 100 ml de aceite vegetal • 100 g de mantequilla • sal y pimienta.

Salsa de mango

1 lata de mango en almíbar de 480 g • 20 g de jengibre picado finamente • 250 g de jitomate • 3 piezas de chile verde • 3 dientes de ajo picados • 1 cucharadita de sal • 1 cucharada de aceite • 1 cucharada de azúcar mascabado.

Salsa de tamarindo

• 500 g de pulpa de tamarindo • 4 piezas de ajo • 50 g de chile chipotle de lata • 50 g de cebolla • 50 ml de aceite • 150 g de azúcar mascabado • 100 ml de crema ácida.

Salsa de mango

Abrir la lata de mango y drenar. Picar el jengibre y licuar junto con el mango. En una sartén asar el jitomate y los chiles hasta que estén blandos. Una vez asados, pelar y quitar la parte quemada de los jitomates. En un procesador de alimentos agregar los jitomates y los chiles con un poco de sal y licuar la mezcla para crear una salsa. En una cacerola a fuego medio agregar el aceite, añadir el mango y la salsa de jitomate; cocinar durante 5 minutos. Agregar el azúcar con un batidor de globo. Si se desea menos picante se puede agregar sólo la mitad de la salsa de jitomate y chiles y si se quiere más dulce se puede agregar más azúcar mascabado.

Salsa de tamarindo

Remojar la pulpa de tamarindo en 200 ml de agua por 15 min. Tomar la pulpa con las manos para desprenderla de las semillas. Pasar al colador para que salga sin semillas. Licuar el chile chipotle con 20 ml de agua y reservar. En una cacerola calentar el aceite y freír las cáscaras y cabezas de camarón, el ajo y la cebolla cortada en trozos hasta que doren, pero no se quemen. Agregar el chile chipotle licuado y saltear con toda la mezcla, cocinar 5 min más, bajar el fuego y agregar la pulpa de tamarindo, agregar

200 ml de agua y remover durante 2 min. Añadir el azúcar mascabado. El azúcar contrarresta la acidez de la pulpa del tamarindo. Si ésta resulta muy ácida, agregar más azúcar. Cocinar a fuego medio por 5 min. Pasar por el tamiz y remover hasta extraer todo el jugo, desechar las cáscaras. Volver a colocar el jugo en la misma cacerola y agregar la crema ácida. Permitir que espese un poco removiendo con un batidor de globo. Corregir la sazón.

Camarones

Pelar los camarones reservando la colita y mantener en refrigeración. Guardar las cáscaras y las cabezas.

Salpimentar los camarones y colocar en una brocheta. Sellar los camarones con el aceite y colocar en un refractario para horno untado con mantequilla. Colocar pedacitos de mantequilla encima de los camarones, hornear a 160 grados centígrados aproximadamente 6 minutos o hasta que los camarones queden firmes y de color rosa. Se pueden también cocinar en una plancha o en una sartén. Para servir: colocar un espejo de salsa de mango junto a uno de tamarindo, colocar los camarones a un lado. La salsa sobrante se puede ofrecer en una salsera. Servir con guarnición de arroz blanco y plátanos fritos.

MOUSSE DE QUESO DE CABRA

Rinde 6 porciones

Grado de dificultad: medio

Tiempo de preparación: 30 minutos

Requiere tiempo de refrigeración

INGREDIENTES

Gelificación de fresas

200 g de puré de fresas • 60 g de azúcar • 8 g de grenetina • 24 g de agua.

Mousse de queso de cabra

700 g de queso de cabra • 175 g de azúcar refinada • 14 g de grenetina • 80 ml de leche • 420 g de crema para batir.

Brillo de fresas

200 g de brillo • 25 g de puré de fresas.

Gelificación de fresas

Poner un cazo al fuego con el puré de fresas y el azúcar y llevar a ebullición, retirar del fuego e incorporar la grenetina previamente hidratada con el agua. Vaciar en un molde y congelar.

Mousse de queso de cabra

Acremar el queso con el azúcar y la leche hasta que se obtenga una consistencia lisa y sedosa, posteriormente incorporar en forma envolvente la crema montada. Aparte, hidratar la grenetina y fundir, agregar un poco de la mezcla anterior y calentar nuevamente para añadir al resto del *mousse*.

Montaje

En un aro para mousse de 24 cm de la forma deseada, rellenar a la mitad con el *mousse* de queso y después poner la gelificación de fresas en medio; volver a poner más mousse de queso y alisar. Meter al congelador y desmoldar al otro día. Decorar con chocolate y el brillo de fresas.

SOPA FRÍA DE CHILE POBLANO

Fotografía: Ignacio Urquiza

Rinde 6 porciones

Grado de dificultad: sencillo

Tiempo de preparación: 30 minutos

INGREDIENTES

8 chiles poblanos • 2 cucharadas de aceite de oliva • 2 dientes de ajo • 200 g de almendras peladas • 6 tazas de caldo de pollo • 1 pizca de comino en polvo • sal y pimienta • camarones cocidos o en trozos, para decorar.

Asar los chiles, pelarlos, quitarles las semillas y desvenarlos. En un procesador de alimentos picar los chiles sin molerlos por completo. En una sartén grande calendar el aceite, agregar el ajo picado e incorporar los chiles, cocinar a fuego lento durante 7 minutos. Moler las almendras finamente con el caldo de pollo, agregar esta mezcla a los chiles, añadir el comino y sazonar con sal y pimienta. Cocer durante 10 minutos. Refrigerar la sopa hasta que enfríe; sabe mejor si se prepara un día antes. Para servir decore la sopa con los camarones.

ENSALADA *NIÇOISE* CON SALMÓN

Fotografía: Ignacio Urquiza

Rinde 6 porciones

Grado de dificultad: sencillo

Tiempo de preparación: 30 minutos

INGREDIENTES

2 cucharaditas de mantequilla • 6 filetes de salmón con costra de finas hierbas • 2 cucharaditas de romero picado finamente • 2 cucharaditas de tomillo picado finamente • 2 cucharaditas de cebollín picado finamente • 18 papas de cambray rostizadas • 500 g de lechugas mixtas • 14 aceitunas rebanadas • 42 ejotes frescos escaldados • 24 tomates cherry • sal y pimienta fresca molidas • 12 cucharaditas de alcaparras • 16 rodajas finas de cebolla morada • 6 huevos duros cortados en cuartos • *croûtons*.

Vinagreta balsámica de Dijon

⅓ de taza más una cucharada de vinagre balsámico • 2 cucharadas de cebolla morada picada • 2 cucharadas de mostaza de Dijon • 2 cucharadas de albahaca fresca picada • azúcar morena • sal y pimienta al gusto • 1 taza de aceite de oliva.

Precalentar el horno a 260 °C. Precalentar un refractario ligeramente cubierto con la mantequilla. Salpimentar el salmón y cubrir con una costra de romero, tomillo y cebollín picado finamente por el lado que se va a presentar hacia arriba. Rodearlo de papas rostizadas y colocarlo en la parte superior del horno hasta que esté listo, pero manteniéndolo jugoso, aproximadamente 5 a 6 minutos dependiendo del grosor de la porción.

Vinagreta balsámica de Dijon

Coloque en una licuadora vinagre, cebolla, mostaza, azúcar morena, albahaca, sal y pimienta, y licúe todos los ingredientes. Continúe licuando y agregue el aceite lentamente hasta formar una emulsión. Reserve. En un tazón grande vierta la vinagreta balsámica de Dijon. Agregue las lechugas mixtas, aceitunas, ejotes, tomates, sal y pimienta. Mezcle todo cubriéndolo bien con la vinagreta. Preséntelo en ensaladeras individuales, colocando con diseño entrecruzado, creando altura hacia el centro y los ingredientes coloridos por encima. Adornar con los aros de cebolla morada alrededor del centro de la ensalada. Retire el salmón y las papas del horno, y coloque las papas tibias alrededor de la ensalada junto con los *croûtons*. Con una espátula de metal retire el salmón y colóquelo directamente en el centro de la ensalada. Coloque los huevos cortados en cuartos alrededor de la ensaladera como guarnición.

TURRÓN DE CIRUELA PASA

Fotografía: Ignacio Urquiza

Rinde 6 porciones

Grado de dificultad: sencillo

Tiempo de preparación: 30 minutos

Refrigerar 3 horas

INGREDIENTES

150 g de ciruela pasa deshuesada

• 1 ½ tazas de agua • 2 tazas de azúcar

• 1 ramita de canela • 11 claras de huevo

• ¾ de cucharadita de cremor tártaro

• 3 cucharaditas de brandy.

En un procesador de alimentos hacer un puré con las ciruelas pasas y el agua. Agregar el azúcar y la canela, y procesar nuevamente. En una cacerola agregar esta mezcla a fuego mediano y cocerla hasta que el termómetro registre 110 °C. En una cacerola grande batir las claras de huevo a punto de turrón, añadir el cremor tártaro y batir hasta que se formen picos. Agregar el jarabe de ciruelas pasas en chorro delgado y continuar batiendo hasta que la mezcla se enfríe, aproximadamente 12 minutos; agregar el brandy y mezclar bien. Refrigerar antes de servir.

TORTITAS DE TUÉTANO

Fotografía: Ignacio Urquiza

Rinde 6 porciones

Grado de dificultad: sencillo

Tiempo de preparación: 30 minutos

INGREDIENTES

Tortitas

¾ de kg de huesos de tuétano cortados en trozos de 6 a 8 cm • 1 taza de agua • 3 chiles anchos desvenados y sin semillas • ¾ de kg de masa de maíz • 3 cucharadas de harina • aceite para freír.

Salsa

2 tomates pelados y picados • ½ cebolla finamente picada • 2 aguacates pelados, sin hueso y cortados en dados pequeños • 2 chiles serranos picados o al gusto • 2 cucharadas de cilantro picado finamente • 1 cucharada de aceite • sal • 1 cucharadita de vinagre de vino tinto.

Para hacer las tortitas hay que sacar el tuétano de los huesos hasta juntar alrededor de una taza. Poner a hervir el agua en una cacerola pequeña, agregar los chiles y dejarlos hasta que el agua vuelva a hervir; retirar la cacerola del fuego y dejar que los chiles reposen en el agua durante 5 minutos. Escurrir y reservar solamente 2 cucharadas de agua; hacer un puré con el agua y los chiles. En un recipiente grande mezclar con las manos la masa, el tuétano y la harina. Agregar el puré de chiles y amasar el conjunto hasta que la mezcla esté suave. Formar tortitas de 6 a 8 cm de diámetro y unos 4 milímetros de espesor. Calentar en una sartén con 2 cm de aceite y freír en él las tortitas, unas cuantas cada vez. Sacarlas con una pala de freír y escurrirlas sobre papel absorbente. Mezclar todos los ingredientes de la salsa en un tazón. Colocar las tortitas en un platón y verter la salsa sobre ellas.

Fotografía: Ignacio Urquiza

POLLO AL CHIPOTLE

Rinde 4 porciones

Grado de dificultad: sencillo

Tiempo de preparación: 1 hora

INGREDIENTES

1 pollo cortado en piezas • sal y pimienta
• 3 dientes de ajo • 3 clavos de olor
• 6 granos de pimienta negra
• ½ cucharadita de comino • ¼ de cebolla
pequeña • 1 taza de agua • 3 cucharadas
de aceite • 2 cebollas cortadas en rodajas
• 6 tomates cortados en rodajas delgadas
• 4 chiles chipotle en escabeche.

Salpimentar el pollo. Hacer un puré con el ajo, pimienta negra, clavo, comino, ¼ de cebolla y la mitad del agua en un procesador de alimentos. En una cacerola calentar el aceite, añadir las rodajas de cebolla y acitronarlas. Agregar el puré anterior, revolver y cocer a fuego lento durante 15 minutos. Cuando comience a hervir, agregar los tomates, bajar el fuego, tapar y seguir cociendo 5 minutos más. Con el resto del agua moler los chiles y agregarlos a la cacerola, hervir 5 minutos más, y corregir la sazón. Añadir el pollo, tapar y continuar cociendo hasta que el pollo esté en su punto.

NATILLAS CON MANGO

Rinde 4 porciones

Grado de dificultad: sencillo

Tiempo de preparación: 30 minutos

INGREDIENTES

3 tazas de leche • ¾ de taza de azúcar
• 2 cucharaditas de ralladura de limón
• 5 yemas de huevo • 3 cucharadas de
maicena (fécula de maíz) • 1 cucharada
de brandy • 5 mangos deshuesados y
cortados.

Se calienta la leche con el azúcar y la ralladura de limón en una cacerola. En un tazón se mezclan las yemas y la maicena con 3/4 de taza de la leche caliente, revolviendo constantemente. Se agrega esta mezcla a la cacerola con la leche a fuego lento, durante 8 minutos o hasta que la natilla espese, teniendo cuidado de no dejar de mover, no debe hervir. Al retirar del fuego se incorpora el brandy moviendo de nuevo. Dejar que se enfríe. Servir la mezcla en recipientes individuales y colocar las rebanadas de mango alrededor de las natillas.

Fotografía: Ignacio Urquiza

ALCACHOFA DE LA ABUELA

Fotografía: Ignacio Urquiza

Rinde 6 porciones

Grado de dificultad: medio

Tiempo de preparación: 40 minutos

INGREDIENTES

6 alcachofas • 2 cucharadas de sal
• 1 hoja de laurel • 1 cucharadita
de bicarbonato sódico.

Para la salsa

6 huevos duros finamente picados • ½ taza
de cebolla finamente picada • ½ taza de
mayonesa • 1 ½ cucharadas de mostaza
tipo americana • 2 cucharaditas de vinagre
de vino tinto • 1 cucharada de aceite de
oliva • ⅓ de taza de perejil finamente
picado • sal y pimienta.

Cortar los tallos de las alcachofas al ras de los corazones, así como las puntas de las hojas. En una olla grande poner 3 ½ lt de agua con la sal, las hojas de laurel y el bicarbonato. Cuando comience a hervir agregar las alcachofas, tapar y cocer hasta que las hojas de las alcachofas se puedan desprender fácilmente, aproximadamente 25 minutos. Escurrir y reservar 1 taza de agua en la que se cocieron. Con un cuchillo pequeño quitar la parte afelpada del fondo de las alcachofas, colocarlas con las puntas hacia arriba y refrigerar. Antes de servir poner la salsa en el centro de las alcachofas.

Para la salsa

Mezclar los huevos con la cebolla, la mayonesa, la mostaza, el vinagre, las 4 cucharadas del agua en la que se cocieron las alcachofas, el aceite y el perejil. Si queda demasiado espesa aligerarla con más agua. Refrigerar.

LENTEJAS CON FRUTA

Fotografía: Ignacio Urquiza

Rinde 6 porciones

Grado de dificultad: medio

Tiempo de preparación: 90 minutos

INGREDIENTES

2 tazas de lentejas • 8 tazas de agua
• ¼ kg de chorizo, pelado y cortado en
trozos • ¼ kg de tocino picado • 2 dientes
de ajo picados • ½ taza de cebolla picada
• 1 plátano macho no muy maduro, pelado
y cortado en rodajas • 3 rebanadas de piña
fresca, picada • sal y pimienta • 8 cebollitas
de cambray sin el tallo • 2 cucharadas de
aceite • 6 chuletas de cerdo ahumadas,
enteras o cortadas en trozo.

En una cacerola grande poner las lentejas y el agua, cuando comience a hervir, tapar y dejar que cueza lentamente durante 40 minutos. Escurrir las lentejas y reservar el líquido. En otra cacerola grande freír a fuego medio el tocino, añadir el chorizo, tapar y seguir durante 5 minutos más. Agregar los ajos, la cebolla picada, las cebollas de cambray, incorporar las lentejas, el plátano, la piña, sazonar con sal y pimienta, tapar y dejar que hierva a fuego lento 15 min. Agregar 2 tazas del líquido en el que se cocieron las lentejas, tapar y cocer durante 20 minutos más. En una sartén calendar el aceite, poner las chuletas de cerdo y freírlas de cada lado. Añadir las chuletas al recipiente de las lentejas, tapar y cocer 5 minutos más.

HUEVOS REALES CON PASITAS, PIÑONES Y ALMENDRAS

Fotografía: Ignacio Urquiza

Rinde 6 porciones

Grado de dificultad: sencillo

Tiempo de preparación: 60 minutos

INGREDIENTES

10 yemas de huevo • 2 cucharaditas de polvo para hornear • 1 cucharadita de mantequilla • ½ taza de pasitas sin semillas • 1 cucharada de piñones • 1 cucharada de almendra fileteada • 1 rama de canela.

Jarabe

2 tazas de azúcar • 1 ½ tazas de agua • 8 ramitas de canela • 3 cucharadas de jerez seco.

Precalentar el horno a 135 grados centígrados. En un tazón batir las yemas de huevo hasta que estén espesas, agregar el polvo para hornear y mezclar bien. En un molde de 35 x 20 cm engrasado con mantequilla agregar la mezcla anterior. Cubrir con papel aluminio y hornear durante 50 minutos o hasta que al meter un palillo de dientes éste salga limpio. Sacar del horno y dejar que se enfríe. Cortar el contenido del molde en cuadrados de unos 3 cm; bañarlos con el jarabe y adornarlos con las pasas, piñones, almendras y las ramitas de canela. Servir a temperatura ambiente.

Jarabe

Mezclar el azúcar con el agua y la canela en una cacerola pequeña, poner a hervir moviendo la mezcla durante 5 minutos hasta que adquiera la consistencia de un jarabe ligero. Retirar del fuego y agregar el jerez.

SOPA RANCHERA

Fotografía: Ignacio Urquiza

Rinde 6 porciones

Grado de dificultad: sencillo

Tiempo de preparación: 60 minutos

INGREDIENTES

½ kg de tomates partidos • 1 cucharada de aceite • 1 cucharadita de mantequilla • ¼ de taza de cebolla picada • 1 diente de ajo picado finamente • 4 elotes desgranados • sal y pimienta al gusto • 5 tazas de caldo de pollo • 2 chiles poblanos asados, pelados, desvenados y cortados en tiras • 1 taza de leche • 200 g de queso manchego cortado en cuadraditos.

En una cacerola calendar el aceite y la mantequilla, agregar la cebolla, el ajo y los granos de elote, freír durante 8 minutos. Añadir el tomate, sazonar con sal y pimienta y cocer 10 minutos. Incorporar el caldo de pollo mezclándolo bien y dejar que hierva otros 10 minutos; agregar las rajas de chile poblano y cocer otros 5 minutos. Después agregar la leche y cocinar a fuego lento 5 minutos más. Para servir: repartir en 6 platos soperos el queso manchego y luego verter sobre ellos la sopa caliente.

Fotografía: Ignacio Urquiza

LANGOSTINOS A LA PARRILLA CON SALSA AL MOJO DE AJO Y CHILE DE ÁRBOL

Rinde 6 porciones

Grado de dificultad: medio

Tiempo de preparación: 30 minutos

INGREDIENTES

30 langostinos abiertos en mariposa.

Salsa al mojo de ajo

• 1 ½ tazas de aceite vegetal • 20 dientes de ajo picados finamente • 10 chiles de árbol desvenados y cortados en rodajas pequeñas • 300 g de mantequilla con sal • 1 cucharada de salsa de soya (o al gusto) • el jugo de 8 limones.

Calentar la parrilla a fuego medio. Untar los langostinos con la salsa al mojo de ajo. Colocarlos boca abajo en la parrilla. Dejar de 3 a 4 minutos por cada lado, dependiendo del tamaño. Al voltear, pasar la brocha untada en la salsa. Cocinar hasta que los langostinos tengan un color rojo. Una vez cocinados agregar la salsa sobre cada uno y servir. Servir la salsa sobrante por separado.

Salsa al mojo de ajo

Poner en una sartén el aceite a fuego alto, agregar los ajos hasta que tomen un color dorado, incorporar el chile de árbol y la mantequilla. Sazonar con la soya y el limón hasta que hierva.

ANTE
DE PIÑA

Fotografía: Ignacio Urquiza

Rinde 6 porciones

Grado de dificultad: medio

Tiempo de preparación: 2 horas

INGREDIENTES

1 marquesote • ⅔ de taza de almendras tostadas • ⅔ de taza de piñones tostados.

Pasta de piña

2 latas de piña en su jugo • 3 yemas • 150 gramos de almendra fileteada • 50 gramos de piñón • 1 rama de canela.

Jarabe

2 tazas de azúcar • ½ taza de agua • 1 rama de canela • 2 ½ tazas de jerez seco.

Cobertura de merengue

¼ de taza de azúcar • ½ taza de agua • 1 taza de claras de huevo.

Marquesote

8 huevos, las claras separadas de las yemas • ½ taza de azúcar • 1 cucharada de polvo para hornear • 1 ½ tazas de maicena • ½ taza de mantequilla derretida • aceite y harina.

....

Marquesote

Precalentar el horno a 190 °C. Engrasar y enharinar 2 moldes cuadrados. En un recipiente batir las claras a punto de turrón. Sin dejar de batir, incorporar las yemas una a una. Mezclar muy bien el azúcar, el polvo para hornear y la maicena. Verter esta mezcla con movimientos envolventes sobre los huevos batidos agregando también la mantequilla derretida, que no debe estar caliente. Verter el conjunto en los moldes. Hornear durante 25 minutos.

Ante de piña

En un procesador de alimentos moler la piña. Agregar la mezcla a una cacerola con las yemas, dejar sobre el fuego, moviendo hasta que comience a hervir; menear unos 5 minutos más, retirar del fuego y poner a enfriar.

En un refractario de cristal colocar una base de marquesote y bañar con el jugo de la piña. Picar la piña restante en forma de triángulos pequeños, agregar la almendra fileteada y mezclar. Incorporar al marquesote la piña molida hasta cubrirlo, poner encima la mezcla de piña y almendra, el piñón y la canela para que se cubra completamente. Refrigerar.

Cobertura de merengue

En un recipiente poner el azúcar con el agua a fuego medio hasta que empiece a hervir. Dejar 10 minutos más. Batir las claras de huevo a velocidad alta, agregue el azúcar y bata la mezcla a punto de nieve, hasta que quede firme.

Retirar el ante de piña del refrigerador. Distribuir suavemente la cobertura de merengue sobre el ante. Con ayuda de una manga y un duya rizada formar picos en todo el ante. Meter bajo la salamandra a unos 10 centímetros del calor y gratinar durante uno o dos minutos, o hasta que los picos tomen un color café claro. Se puede usar un soplete de cocina para dorar los picos.

CALDO TLALPEÑO

Fotografía: Ignacio Urquiza

Rinde 6 porciones

Grado de dificultad: sencillo

Tiempo de preparación: 1 hora

INGREDIENTES

400 g de pollo • 6 tazas de caldo de pollo • 2 dientes de ajo • 1 taza de garbanzos cocidos • 1 taza de arroz blanco cocido • 1 cucharada de aceite • ½ taza de zanahoria picada • ½ cebolla picada • 1 chile chipotle en escabeche, sin semillas y cortado en tiras (al gusto) • 1 ramita de epazote fresco • sal • 2 aguacates pelados y cortados en cubos • 2 cucharadas de cilantro picado • limón verde en rodajas • 1 tomate maduro picado • 3 chiles serranos picados finamente.

En una cacerola con agua poner el pollo, los ajos, los garbanzos y el arroz. Cocerla tapada durante 30 minutos o hasta que el pollo esté tierno. Pasar el pollo a un recipiente y cuando esté frío desmenuzarlo y reservar. En una sartén calentar el aceite, agregar la zanahoria y la cebolla y freír hasta que se acitronen. Pasarlos a la cacerola con el caldo de pollo. Agregar los chiles chipotle, el epazote y la sal al gusto. Tapar la cacerola y cocer a fuego lento durante 30 minutos. Corregir la sazón. Poner el aguacate y el pollo desmenuzado en los platos en que se vayan a servir. Espolvorear el cilantro picado. Poner el limón, el tomate picado y los chiles en un platito aparte para que cada quien se sirva al gusto.

CHILES EN NOGADA

Fotografía: Sergio Martínez

Rinde 6 porciones

Grado de dificultad: medio

Tiempo de preparación: 3 horas

Requiere reposo

INGREDIENTES

6 chiles poblanos • 2 cucharadas de sal

• 2 cucharadas de vinagre blanco • 5 huevos

• ½ taza de harina de trigo • aceite para freír

• 1 granada.

Nogada (salsa de nuez)

1 taza de nueces partidas a la mitad
• 1 ½ tazas de leche • 1 taza de crema de leche
espesa • 185 g de queso fresco • 3 cucharadas
de azúcar o al gusto • sal.

Relleno

300 g de lomo de cerdo • 3 tazas de agua
• ¼ de cebolla • 2 ajos • 2 ajos picados
• 1 ramita de perejil • 1 cucharadita de sal

• ⅓ de taza de aceite • ⅓ de taza
de cebolla picada finamente • 1 taza de
tomates pelados y picados • 2 cucharadas
de perejil picado finamente • 1 manzana pelada
y picada • 1 pera grande pelada y picada
• 2 duraznos pelados y picados • ½ taza de
plátano macho pelado y picado • ⅓ de taza
de uvas pasas • 1 cucharada de almendras
peladas y picadas. • 1 cucharada de acitrón
picado • canela y pimienta negra al gusto.

Asar y pelar los chiles. Hacer un corte a lo largo con mucho cuidado para no romperlos. Quitarles las semillas, desvenarlos y remojarlos en agua con la sal y el vinagre durante una hora (depende de lo picantes que sean). Escurrir los chiles y secarlos. Colocar parte de la mezcla de la carne en el interior de cada chile. Batir las claras a punto de turrón y agregar una a una las yemas. Extender la harina y revolcar cada chile por ambos lados hasta que queden cubiertos con la harina; sumergirlo en el huevo batido. En una sartén calentar el aceite, cuando esté caliente agregar los chiles uno por uno y freírlos por ambos lados hasta que estén ligeramente dorados. Escurrirlos sobre papel absorbente. Los chiles se pueden servir a temperatura ambiente. En un recipiente para servir colocar los chiles, cubrirlos con la nogada y esparcir la granada encima.

Nogada (salsa de nuez)

En un tazón poner las nueces y cubrirlas con agua hirviendo, dejarlas en remojo durante 8 minutos. Escurrir y quitarles la piel fina. Pasarlas a otro tazón y cubrirlas con media taza de leche. Dejarlas remojar 12 horas. Escurrir las nueces. Reservar la media taza de leche en la que se remojaron. En un procesador de alimentos moler las nueces con la crema, media taza de leche, el queso, el azúcar, la sal y la leche reservada. Refrigerar.

Relleno

En una cacerola grande poner la carne de cerdo, el agua, la cebolla, los dientes de ajo, la ramita de perejil y la mitad de la sal. Poner a fuego fuerte; cuando hierva, tapar y cambiar a fuego medio por 50 minutos aproximadamente, hasta que la carne esté tierna. Escurrir y reservar media taza del caldo. Dejar enfriar la carne, picarla finamente, y reservarla. En otra cacerola grande calentar el aceite y poner en ella los ajos y la cebolla picados. Saltearlos hasta que estén transparentes. Añadir los tomates, el perejil y la sal, la manzana, la pera, el durazno, el plátano macho, las uvas pasas y las almendras, el acitrón, la canela y la pimienta; cocinar a fuego medio durante 6 minutos. Agregar la carne y el caldo que se reservó. Corregir la sazón y cocer a fuego lento hasta que la fruta se haya cocido. Reservar.

Fotografía: Sergio Martínez

COCADA

Rinde 6 porciones

Grado de dificultad: medio

Tiempo de preparación: 1 hora

INGREDIENTES

1 coco pequeño • 1 taza de agua de coco
• 1 taza de leche • 1 taza de azúcar
• 3 yemas de huevo • ¼ de taza de jerez
seco • ¼ de taza de almendras peladas.

Calentar el coco en el horno por 10 minutos antes de romperlo para que sea más fácil. En uno de sus extremos hacer un hoyo, extraer el agua y reservarla. Partir el coco en varios trozos. Quitar la corteza exterior y la carne pegada a la pulpa y rallarla. En una cacerola poner la carne de coco, el agua de coco, la leche y el azúcar a hervir hasta que la carne esté transparente. Retirar del fuego y dejar que enfríe un poco. Batir las yemas junto con el jerez y agregarlas al preparado de coco. Cocer a fuego lento sin dejar de mover hasta que espese. Dejar enfriar y pasar a un recipiente para horno. Adornar con las almendras. Meterlo en el horno precalentado a 250 ºC para que se dore. Servir a temperatura ambiente.

Fotografía: Sergio Martíne...

ROLLITOS DE VERDURA

Rinde 6 porciones

Grado de dificultad: sencillo

Tiempo de preparación: 30 minutos

INGREDIENTES

18 piezas de papel arroz • 1 lechuga italiana • 2 pepinos • 2 zanahorias • 2 calabacitas • ½ manojo de cebolla de cambray • 18 espárragos • 100 g de germen de soya • ¼ de paquete de fideo de arroz • ½ manojo de yerbabuena • ½ manojo de cilantro • 1 pimiento rojo • 2 ramas de apio.

Salsa *nuox cham*

65 ml de jugo de limón • ½ diente de ajo finamente picado • 65 ml de salsa de pescado *Lucky* • 35 g de azúcar refinada • 6 g de salsa *sambal Oelek* • 30 ml de agua • 13 g de zanahoria fileteada finamente.

Las verduras largas se cortan en bastones de 10 cm excepto la lechuga. La zanahoria, calabacita y el espárrago se deben blanquear en agua hirviendo y pasar a agua fría. Se envuelven los bastones de verdura en la hoja de lechuga en forma de taquito. Se hidratan las hojas de papel arroz en agua caliente (meter y sacar) y se envuelve el taquito de lechuga con el papel de arroz a manera de rollito.

Salsa *nuox cham*

En un recipiente se colocan todos los ingredientes menos la zanahoria y se revuelven hasta hacer una mezcla. Se prueba para lograr que la combinación de ellos sea homogénea. Al final se agrega la zanahoria fileteada. Se sirven los rollitos en un plato individual acompañados de la salsa en un recipiente.

ATÚN SELLADO CON SALSA *TERIYAKI*

Fotografía: Ignacio Urquiza

Rinde 1 porción

Grado de dificultad: medio

tiempo de preparación: 30 minutos

INGREDIENTES

150 g de atún aleta amarilla en forma cilíndrica de 15 cm de largo y 3 cm de diámetro.

Para marinar el atún

• 20 g de jengibre fresco limpio • 1 cucharada de jugo de limón • 1 cucharada de salsa de soya • 1 cucharadita de aceite de ajonjolí • 1 diente de ajo • aceite vegetal.

Para cubrir el atún

30 g de ajonjolí blanco • 30 g de ajonjolí negro.

Salsa *teriyaki*

4 cucharadas de salsa de soya • 3 cucharadas de vinagre de arroz • 10 g de jengibre fresco y limpio en láminas delgadas • 1 cucharadita de fécula de maíz • 2 cucharadas de azúcar refinada • 3 cucharadas de agua.

Germen de soya

10 g de germen de soya • 2 g de cilantro en hojas limpio • 3 g de mantequilla • 1 cucharadita de soya • ½ cucharadita de jugo de limón • 5 g de rabo de cebolla de cambray cortada en rodajas delgadas.

Se licúan todos los ingredientes para marinar y se deja reposar la mezcla con el atún durante 5 minutos. Se mezclan el ajonjolí blanco y el negro y se cubre el atún ya marinado por ambos lados. En una sartén a fuego medio se colocan 3 cucharadas de aceite vegetal para sellar el atún de ambos lados, cuando el ajonjolí esté doradito retirarlo del fuego y cortarlo en 3 piezas en forma diagonal.

Salsa *teriyaki*

En una sartén se colocan todos los ingredientes excepto la fécula de maíz, se pone a fuego medio hasta que suelte el hervor y después se le da consistencia con la fécula hasta obtener una salsa ligera.

Germen de soya

En una sartén se coloca la mantequilla hasta que se derrita, luego se incorporan todos los ingredientes, se saltean a fuego medio durante 2 minutos o hasta quedar crocante.

Montaje

En un plato de tres divisiones se coloca el germen de soya preparado acomodándolo en cada una de las divisiones, encima de la verdura se dispone el atún de manera vertical en cada división y al final se baña con la salsa *teriyaki* caliente.

SOUFFLÉ DE COCO

Rinde 6 porciones

Grado de dificultad: medio

Tiempo de preparación: 60 minutos

INGREDIENTES

80 g de harina • 50 g de mantequilla
• 50 g de azúcar • 4 huevos • ½ litro
de leche • 100 ml de crema irlandesa Baileys
• 200 ml de leche de coco • 60 g de coco
rallado para decorar • 6 souffleras de 8 cm
de diámetro por 4 cm de fondo.

....

Se pone a calentar una cacerola y se agrega la mantequilla y una vez derretida se incorpora la harina moviendo con una cuchara de madera hasta que esté bien mezclada. Agregar la leche caliente, el azúcar, el Baileys y la leche de coco, posteriormente las yemas de huevo una por una. Batir muy bien hasta formar una pasta homogénea. En un tazón se baten las claras de huevo a punto de turrón y luego se incorporan de manera suave a la pasta hecha previamente hasta que esté bien mezclado. Engrasar con mantequilla las souffleras y espolvorearles azúcar y sacudir el sobrante. Rellenar cada soufflera y hornear a 160 °C por 25 minutos. Decorar con coco rallado y servir.

Fotografía: Sergio Martínez

ENSALADA DE QUESO FRITO DE CABRA

Rinde 6 porciones

Grado de dificultad: sencillo

Tiempo de preparación: 30 minutos

INGREDIENTES

18 rebanadas de queso de cabra • 2 tazas de harina de trigo • 3 huevos batidos • 4 tazas de pan molido • 400 g de mezcla de lechugas lavadas y desinfectadas • 6 flores de bugambilia • ½ taza de tortilla frita cortada en juliana (opcional) • sal y pimienta.

Vinagreta de tomate

1 taza de jugo de tomate • 2 dientes de ajo finamente picados • 1 ½ tazas de tomate deshidratado y cortado en trozos • ¾ de taza de vinagre de vino blanco • ½ taza de perejil finamente picado • 1 cucharada de azúcar granulada • 2 tazas de aceite de oliva • sal y pimienta al gusto.

Cortar 3 rodajas gruesas de queso de cabra por cada ración. En un recipiente poner la harina, en otro los huevos batidos y en otro el pan molido. Sazonar la harina con sal y pimienta. Tomar cada rebanada de queso de cabra e introducirla en cada uno de los recipientes, primero la harina, luego los huevos y al final rebozarlo con pan molido. Freírlas en una sartén chica hasta que doren. Mezclar en un bol las lechugas con la vinagreta de tomate. En platos individuales colocar las lechugas aderezadas y 3 rebanadas de queso de cabra en cada plato. Se decora con la flor de bugambilia y la juliana de tortilla.

Vinagreta de tomate

Colocar todos los ingredientes del aderezo en la licuadora excepto el aceite y licuar hasta que se incorporen los ingredientes. Añadir el aceite poco a poco para emulsionar. Corregir la sazón.

FILETE DE RES EN CAMA DE SETAS CON SALSA DE MORILLAS

Fotografía: Sergio Martínez

Rinde 1 porción

Grado de dificultad: medio

Tiempo de preparación: 30 minutos

INGREDIENTES

1 filete de res de 200 g • 2 cucharadas de aceite vegetal • 2 pizcas de sal • 1 pizca de pimienta • 3 g de romero fresco (una rama).

Salsa de morillas

20 g de morillas secas, remojadas en agua durante 30 minutos y picadas • 1 cucharada de mantequilla • 2 piezas de chalotes picados finamente • 2 cucharadas de oporto • 3 cucharadas de *demi glass* disuelto en 2 tazas de agua caliente • 3 cucharadas de crema • sal y pimienta al gusto.

Cama se setas

100 g de setas • 1 diente de ajo • 10 g de mantequilla • 1 cucharada de jugo de limón • ½ cucharada de soya • ½ cucharadita de perejil picado.

Filete de res

Se sazona el filete con sal y pimienta y en una sartén a fuego medio se incorpora el aceite vegetal; una vez que está bien caliente se pone el filete a sellar por ambos lados por 8 minutos, después y se mete al horno a 160 °C por un periodo de 12 minutos, así la carne queda jugosa.

Cama de setas

En una sartén a fuego medio se incorpora la mantequilla, las setas, el ajo picado, la soya, jugo de limón y el perejil, hasta que las setas adquieran un tono dorado.

Salsa de morillas

En una cacerola a fuego medio agregue las morillas y mantequilla hasta que se suavicen, aproximadamente 5 minutos. Incorporar el chalote, el oporto y el *demi glass*, dejar hasta que hierva sin tapar y las morillas se cuezan. Atemperar e incorporar la crema. Sazonar al gusto con sal y pimienta, hervir nuevamente y corregir la sazón.

Montaje

Se hace una base de setas; encima se coloca el filete de res, se baña con la salsa de morillas y se decora con la ramita de romero fresco.

MOUSSE DE MARGARITA

Fotografía: Sergio Martínez

Rinde 6 porciones

Grado de dificultad: sencillo

Tiempo de preparación: 90 minutos

INGREDIENTES

2 cucharadas de gelatina sin sabor
• 1 taza de azúcar • 1 pizca de sal
• 4 huevos • 3 cucharadas de jugo
de imón • ralladura de limón
• 2 cucharadas de agua • ½ taza
de tequila blanco • ¼ de taza
de licor de naranja.

Mezclar la ½ taza de azúcar, la gelatina y la sal y poner en una cacerola. En un tazón batir las yemas del huevo hasta que queden espesas. Agregar el jugo de limón y el agua, y continuar batiendo. Incorporar la mezcla a la gelatina y poner la cacerola a fuego medio durante 7 minutos, moviendo constantemente hasta que la gelatina se disuelva. Retirar del fuego. Agregar el tequila y el licor de naranja con un poco de ralladura de limón. Refrigerar una vez que enfríe. Batir las claras de huevo en un recipiente e incorporar gradualmente el azúcar restante hasta que se formen picos. Cuando la mezcla de gelatina y yema de huevo empiece a cuajar, incorporar las claras batidas. Poner en un recipiente para postre y refrigerar por lo menos una hora.

DÚO DE CEBICHES

Fotografía: Ignacio Urquiza

Rinde 6 porciones

Grado de dificultad: sencillo

Tiempo de preparación: 2 horas y 30 minutos

INGREDIENTES

½ kilo de filete de sierra u otro pescado de carne firme blanca, cortado en dados de un centímetro • ½ kilo de camarón cocido, pelado y cortado en trozos • 1 ½ tazas de jugo de limón verde • 2 cucharadas de aceite de oliva • 3 dientes de ajo • ½ kilo de tomates maduros • ¼ de taza de cebolla picada finamente • 2 cucharadas de cilantro fresco picado • ¼ de taza de salsa cátsup • 2 cucharadas de salsa de chile picante (Búfalo, Valentina, otra) • ½ cucharada de orégano seco • sal y pimienta al gusto • 1 cucharada de chile serrano o jalapeño en escabeche picado • 1 cucharada de aceitunas verdes picadas.

En un recipiente de vidrio poner el pescado, bañarlo con el jugo de limón y dejarlo marinar a temperatura ambiente durante dos horas y media. En una sartén pequeña, calentar el aceite con los ajos, y saltear durante 5 minutos o hasta que el ajo tome un color dorado. Desechar el ajo y dejar que el aceite se enfríe. Picar los tomates, quitar las semillas y conservar el jugo. Ponerlos en un recipiente de vidrio. Añadir la cebolla, el cilantro, la salsa cátsup, la salsa picante el orégano, la sal, la pimienta, los chiles, las aceitunas picadas, y mezclar. Agregar el aceite en que se salteó el ajo y reservar. En una coladera lavar el pescado varias veces en agua fría. Dejarlo reposar 10 minutos. Incorporarlo al recipiente con la mezcla. Salpimentar. Servir frío acompañado de galletas saladas y limones.

Rinde 6 porciones

Grado de dificultad: medio

Tiempo de preparación: 60 minutos

INGREDIENTES

3 chiles anchos • 3 chiles pasilla
• 3 chiles guajillo • 5 dientes de ajo grandes
• 2 cucharadas de aceite de oliva • 1 limón (su
jugo) • ¼ de taza de vino blanco • 1 cucharada
de salsa de soya • 1 cucharada de salsa *teriyaki*
• 1 cucharadita de salsa inglesa • ½ taza de
jugo de almeja embotellado o de caldo de
pescado • ¼ de cucharadita de tomillo
• 500 g de calamares limpios y cortados
en rodajas • 3 cucharadas de mantequilla
• sal y pimienta molidas al gusto.

CALAMARES A LOS TRES CHILES

Salsa de tres chiles

Cortar cada chile a la mitad por lo largo. Desvenar y quitar las semillas. Rebanar los chiles a lo ancho en tiras finas de 2 cm de largo aproximadamente. En una cacerola a fuego medio calentar el aceite. Añadir el ajo picado y saltear durante 2 minutos. Añadir los chiles, el jugo de limón, las salsas soya, *teriyaki*, inglesa y el vino. Cocinar durante 3 minutos. Agregar el jugo de almejas o el caldo de pescado. Cocinar durante 10 minutos.

Calamares

Cortar los cuerpos de los calamares en anillos, dejando los tentáculos enteros, rociarlos con sal y pimienta. En una sartén a fuego medio

Fotografía: Sergio Martínez

derretir la mantequilla, agregar los calamares y saltear hasta que estén opacos. Agregar la salsa de chile hasta que esté todo bien caliente. Servir en platos individuales acompañado de arroz blanco.

PIÑA RELLENA ACAPULCO

Fotografía: Sergio Martínez

Rinde 6 porciones

Grado de dificultad: sencillo

Tiempo de preparación: 90 minutos

INGREDIENTES

3 piñas frescas provistas de hojas • 400 g de fresas cortadas por la mitad • 3 mangos pelados y cortados en dados • 10 kiwis pelados y cortados en rebanadas • 2 vasitos de Kirsch o Grand Marnier • 100 g de azúcar • 100 g de crema de leche fresca • 1 litro de helado de coco o vainilla.

Cortar la piña por la mitad en sentido longitudinal con un cuchillo muy afilado, separar toda la pulpa, eliminando la parte del centro. Cortar la pulpa en dados y macerar con el Kirsch o el Grand Marnier durante 45 minutos. Poner en un recipiente todas las frutas. Cuando falte poco para servirlas, batir la crema con el azúcar y dejar en el refrigerador. Agregar la fruta a la pulpa con el licor en el que se maceró y rellenar una mitad de la piña. Adornar con la crema y algunas de las fresas y refrigerar por 30 minutos aproximadamente. Para servir colocar en un plato individual con el helado de coco o vainilla.

SOPA DE CALABACITA

Fotografía: Ignacio Urquiza

Rinde 6 porciones

Grado de dificultad: sencillo

Tiempo de preparación: 30 minutos

INGREDIENTES

2 kg de calabacitas cortadas en trozos
• 4 tazas de leche • 3 tazas de caldo de pollo
• 3 cucharadas de mantequilla
• 1 cucharada de cebolla finamente picada
• sal y pimienta al gusto • 6 cucharaditas
de crema espesa • ½ pimiento morrón rojo
picado finamente • 6 hojas de perejil.

Cocer las calabacitas en una cacerola tapada y con poca agua, durante 10 minutos o hasta que estén tiernas. Escurrir. Poner en una procesador de alimentos las calabacitas con la leche y el caldo de pollo. Derretir la mantequilla en una cacerola grande, añadir la cebolla y saltear hasta que se torne transparente. Añadir la mezcla de calabacitas, tapar y cocinar a fuego lento durante 15 minutos. Servir en un plato hondo individual. Decorar con una cucharadita de crema espolvoreada de pimiento morrón y una hoja de perejil.

LOMO DE CERDO CON SALSA DE TOMATE Y RAJAS DE PIMIENTO MORRÓN

Fotografía: Ignacio Urquiza

Rinde 8 porciones

Grado de dificultad: medio

Tiempo de preparación: 2 horas

INGREDIENTES

1 lomo de cerdo de 1 ½ kg • ½ kg de espinacas sin el tallo • 125 g de queso manchego • ¼ de cucharadita de pimienta negra • ¼ de cebolla • 4 dientes de ajo • 2 tazas de agua • 1 ½ cucharaditas de sal • 1 hoja de laurel • 1 ramita de tomillo fresco • 1 ramita de mejorana fresca.

Salsa de tomate

1 kg de tomate • 1 cucharada de cebolla picada • 1 diente de ajo • 1 cucharada de aceite • ½ kg de pimiento verde cortado en tiras • sal y pimienta negra recién molida.

Precalentar el horno a 180 °C. Hacer una incisión fina en el eje central del lomo, de extremo a extremo, con cuchillo bien afilado como si se fuera a mechar. Lavar las espinacas, ponerlas en una cacerola con tapa y hervirlas brevemente sólo con el agua que haya quedado en las hojas. Pasarlas a un colador y escurrir el exceso de agua. Picarlas en pedazos grandes y pasarlas a un tazón. Mezclarlas con el queso. Introducir esta mezcla en el túnel hecho en el lomo y presionar con los dedos. Cerrar los extremos con palillos para impedir que el relleno se salga. Calentar el aceite en la sartén, poner el lomo y dorarlo ligeramente por todos lados, por 8 minutos. Espolvorearlo con la pimienta, y añadir la cebolla y el ajo. Saltear un momento más, agregar el agua y esperar a que hierva. Bañando la carne en su jugo agregar la sal. Pasar el lomo a un recipiente grande para horno y cubrirlo con el laurel, el tomillo y la mejorana. Envolverlo en aluminio y hornear por 40 min. Sacar el lomo del horno, quitar el papel aluminio y bañarlo con 6 cucharadas de salsa. Meterlo nuevamente al horno sin envolverlo, por 10 min más. Dejar que el lomo se enfríe unos 10 min. Cortarlo y servirlo bañado con la salsa y las tiras del pimiento.

Salsa de tomate

Quitar las partes duras de los tomates, cortarlos en trozos y hacer con ellos un puré con la cebolla y el ajo. Colarlo. Calentar el aceite en una cacerola y agregar el puré de tomate. Cuando comience a hervir, sazonar con sal y pimienta y cocerlo a fuego medio por 20 min.

Rinde 4 porciones

Grado de dificultad: sencillo

Tiempo de preparación: 1 hora

INGREDIENTES

Flan de elote

200 g de queso crema • 200 ml de leche evaporada • 400 ml de leche condensada • 1 pizca de sal • 5 ml de extracto de vainilla • 200 g de elote • 6 piezas de huevo • 200 g de azúcar • 40 ml de agua.

Shot de chilate

300 g de cacao • 3 rajas de canela • 100 g de arroz • ½ taza de azúcar • 9 tazas de agua • 1 cucharada de extracto de vainilla.

....

Flan de elote

En un procesador de alimentos poner el queso crema con la leche evaporada, la leche condensada, la sal, la vainilla y los granos de elote. Agregar los huevos uno por uno. En una olla poner al fuego el azúcar y el agua hasta que se forme un caramelo, éste se pondrá en los moldes de flan. Colocar la mezcla y poner a baño maría a 150 grados por 35 minutos. Enfriar y desmoldar.

Shot de chilate

En un comal bien caliente tostar el cacao, las rajas de canela y el arroz. Molerlo todo en el procesador hasta obtener una pasta suave. Reservar. Colocar la pasta y el azúcar en una jarra de cristal; agregar el agua y la vainilla; mezclar para disolver por completo. Refrigerar hasta el momento de servir. Vaciar de una jarra a otra varias veces hasta obtener espuma (opcional) servir de inmediato en vasos con hielo.

FLAN DE ELOTE CON *SHOT* DE CHILATE

12

Fotografía: Ignacio Urquiza

Fotografía: Ignacio Urquiza

CAMARONES EN SALSA DE CHIPOTLE

Rinde 6 porciones

Grado de dificultad: sencillo

Tiempo de preparación: 30 minutos

INGREDIENTES

700 g de camarones grandes (U15 mínimo)
• 300 g de queso de Oaxaca • 200 g de
tocino • 150 g de chile chiplote de lata
• 250 g de mayonesa.

Se limpian los camarones retirando la línea obscura que tienen en la parte trasera haciendo un corte profundo. En este corte se agrega el queso y se envuelven los camarones con el tocino empezando por la cola, en caso de ser necesario detener el tocino con un palillo. En una licuadora poner la mayonesa y los chiles chipotle, incluyendo el líquido de la lata, se licúa a velocidad alta y se reserva. Los camarones se cocinan en una sartén a fuego alto con aceite hasta que el tocino esté dorado. Se sirven con la salsa de chipotle y mayonesa.

COSTILLAS DE CERDO *BBQ*

Fotografía: Ignacio Urquiza

Rinde 6 porciones

Grado de dificultad: medio

Tiempo de preparación: 60 minutos

INGREDIENTES

4 costillas de cerdo • sal y pimienta.

Salsa *BBQ*

Salsa *BBQ* • 2 cucharadas de mantequilla • 1 cebolla picada finamente • 2 dientes de ajo picados • 2 tazas de agua • ¼ de cucharadita de sal • 1 cucharada de chile en polvo • 4 cucharadas de azúcar morena • 4 cucharadas de vinagre • 4 cucharadas de salsa Worcestershire • 1 taza de cátsup • 1 cucharadita de salsa Tabasco.

Limpiar las costillas, sacarles el exceso de grasa y cortar cada tira en 2 a 3 porciones. Salpimentar. Colocar las costillas en una placa para horno y barnizar con la salsa *BBQ*. Llevar al horno precalentado a 380 °C y cocinar de 45 minutos a una hora. Barnizar las costillas con salsa *BBQ* cada 10 minutos. Servir en una fuente las costillas y pincelar las piezas de cerdo con más salsa *BBQ*.

Salsa *BBQ*

Derretir la mantequilla en una cacerola y cocinar la cebolla y el ajo hasta que estén suaves. Agregar el agua y los demás ingredientes y revolver hasta que estén bien incorporados. Calentar a fuego lento y dejar hervir por 30 minutos.

MOUSSE
DE COCO
Y MARACUYÁ

Fotografía: Ignacio Urquiza

Rinde 6 porciones

Grado de dificultad: sencillo

Tiempo de preparación: 60 minutos

Requiere refrigeración

INGREDIENTES

500 g de crema para batir • 100 g de azúcar glas • 200 ml de crema de coco • 200 ml de extracto de maracuyá • 15 g de grenetina.

En una batidora a velocidad alta se mezclan la crema con el azúcar hasta obtener una textura de "nube". Se incorpora la crema de coco y los 150 ml del extracto de maracuyá. Aparte, se hidrata la grenetina en agua y se mete al microondas por 30 segundos, luego se incorpora a la mezcla anterior. Se vierte en las copas hasta la mitad y se agrega un poco del extracto de maracuyá que se reservó para formar una pequeña capa, luego se completa la copa con el *mousse* y se pone a refrigerar mínimo por 2 horas.

AGUA FRESCA DE CHICHA

Fotografía: Ignacio Urquiza

Rinde 4 litros

Grado de dificultad: sencillo

Tiempo de preparación: 30 minutos

INGREDIENTES

1 piña mediana sin corona • 1 taza de arroz • 2 ½ litros de agua • azúcar al gusto • hielo en cubos.

Lavar la piña completa con cáscara. En una cacerola poner la piña en trozos grandes y la taza de arroz previamente lavado; agregar 4 tazas de agua y cocer moviendo ligeramente hasta que el arroz esté suave. Dejar enfriar y licuar. Colar en un tamiz y agregar el agua natural, el azúcar y hielo al gusto. Se toma muy fría. Su textura es un poco espesa, parecida a una pulpa de frutas.

PACHOLAS DE LA ABUELA

Fotografía: Ignacio Urquiza

Rinde 8 porciones

Grado de dificultad: medio

Tiempo de preparación: 30 minutos.

INGREDIENTES

1 kg de carne molida •60 g de perejil finamente picado • 200 g de cebolla rallada • 2 huevos • ¼ de taza de aceite de maíz • sal y pimienta al gusto • gotas de jugo Maggi al gusto.

En un recipiente revolver todos los ingredientes, hasta mezclar bien. Formar bolas de 80 g cada una y poner en una máquina de hacer tortillas, cubierta previamente con plástico para que no se peguen. Las Pacholas son como una tortilla de carne, antiguamente la carne se pasaba por metate. Se cocen en una sartén o plancha con una cucharadita de aceite únicamente unos segundos para que quede jugosa, y se acompaña con puré de papa, rebanadas de jitomate fresco y salsa mexicana.

TRENZA DE ATE CON QUESO

Rinde 10 porciones

Grado de dificultad: medio

Tiempo de preparación: 45 minutos

INGREDIENTES

450 g de pasta de hojaldre • 2 barras de queso crema de 190 g c/u • 400 g de ate de membrillo o guayaba • 100 g de azúcar refinada • 2 huevos • 1 litro de helado de vainilla • 100 g de harina de trigo.

En una superficie plana extender la pasta de hojaldre con un rodillo y un poco de harina para que no se pegue hasta obtener un rectángulo de 15 por 40 cm aproximadamente. Colocar al centro del rectángulo el relleno de queso crema y el ate en rebanadas de unos 7 mm c/u en forma intercalada, poniendo una de ate y una queso. Ya colocados el ate y el queso crema en el centro cortar ambos lados de la pasta en forma de tiras diagonales de 1 cm hacia abajo, mojar con los huevos batidos y una brocha de ambos lados donde se realizaron los cortes. Luego trenzar la masa que tiene los cortes a manera que quede por encima del ate y el queso. Pasar a una charola para hornear. Precalentar el horno a 165 °C y cocinar por 35 minutos, revisar hasta que se cosa y dore la pasta. Servir tibia o caliente con helado de vainilla.

Fotografía: Ricci Reynoso

CEVICHE DE PALMITOS

Rinde 6 porciones

Grado de dificultad: sencillo

Tiempo de preparación: 30 minutos

INGREDIENTES

2 latas de palmitos rebanados • 2 jitomates grandes lavados y picados • 1 cebolla picada • 1 taza de cilantro lavado, desinfectado y picado • 3 chiles verdes lavados y picados • 1 taza de aceitunas verdes en rebanadas delgadas • 1 taza de aceite de oliva • ½ taza de jugo de limón • sal y pimienta al gusto • 2 aguacates pelados y cortados en cubos pequeños.

En un recipiente mezcle los palmitos con los jitomates, la cebolla, el cilantro, los chiles verdes y las aceitunas. En un tazón mezcle el aceite de oliva con el jugo de limón y sazone con sal y pimienta, luego incorpore a los palmitos y revuelva. Rectifique la sazón. Acomode el ceviche en un recipiente de cristal y decore con los cubitos de aguacate. Se recomienda servir frío.

Fotografía: Ricci Reynoso

CAMARONES AL AJILLO

Rinde 6 porciones

Grado de dificultad: medio

Tiempo de preparación: 30 minutos

INGREDIENTES

36 camarones 16/20 o U10, pelados
y crudos • 10 dientes de ajo molidos
• ½ cebolla molida • sal y pimienta
negra recién molida al gusto • 1 cucharada
de granulado de pollo • 2 tazas de aceite de
oliva • 8 dientes de ajo partidos en mitades
• 18 chiles guajillo desvenados y cortados
en tiras finas.

En un recipiente marinar los camarones con los dientes de ajo molidos, la cebolla, la sal, la pimienta y el granulado de pollo durante una hora. En una cazuela de barro caliente poner el aceite con las 8 mitades de dientes de ajo hasta dorarlos, luego retirarlos . Añadir las tiras de chile guajillo aproximadamente 5 minutos hasta que se suavicen. Retirar y reservar. Agregue los camarones junto con la salsa en que se marinaron hasta que tomen un color rosa pálido. Cocinar a fuego lento y regresar los chiles; continuar cocinando hasta que se calienten. Servir acompañados de tortillas o pan.

Fotografía: Ricci Reynoso

PAY DE PLÁTANO

Rinde 6 porciones

Grado de dificultad: sencillo

Tiempo de preparación: 30 minutos

Requiere refrigeración

INGREDIENTES

1 barra de mantequilla de 90 g • 1 paquete de galletas Marías molidas • 1 taza de dulce de leche La Lechera • 6 plátanos tabasco rebanados • 1 taza de crema • 1 cucharada de azúcar glas • 1 plátano.

En una cacerola a fuego medio derretir la mantequilla y mezclarla con las galletas molidas hasta formar una costra y acomodarla en un refractario redondo para pay. Untar la mitad del dulce de leche en la costra y luego acomodar la mitad de los plátanos rebanados. Colocar otra capa con el resto del dulce de leche y los plátanos. En una batidora poner la crema y batirla hasta que esponje. Agregar una cucharada de azúcar glas. Cubrir el pay con esta mezcla y meter al refrigerador. Se debe servir muy frío. Decorar con rebanadas de plátano.

ENSALADA DE QUESO DE CABRA

Fotografía: Ignacio Urquiza

Rinde 6 porciones

Grado de dificultad: sencillo

Tiempo de preparación: 30 minutos

INGREDIENTES

200 ml de jugo de limón • 20 g de sal fina •
20 g de pimienta negra • 250 ml de aceite
vegetal • 400 g de perón *golden* • 60 g de
mantequilla • 200 g de nuez • 60 g de azúcar
• 80 g de rábano • 100 g de queso de cabra
• 600 g de lechuga.

Se licúan a velocidad alta el jugo de limón, la sal, la pimienta negra y el aceite vegetal, hasta que se emulsione. Se corta el perón *golden* y se baña en la salsa anterior. Se pone en una sartén a fuego medio la mantequilla y se agrega la nuez, se saltea y al final se pone el azúcar hasta cubrir las nueces. Cortar el rábano en láminas delgadas y el queso de cabra en tozos más gruesos. Acomodar la lechuga en el plato y añadir el perón, los rábanos y las nueces, terminar con el queso de cabra y la vinagreta.

67

PAVO ADOBADO RELLENO AL HORNO

Fotografía: Ignacio Urquiza

Rinde 20 porciones

Grado de dificultad: medio

Tiempo de preparación: 3 ½ horas

Requiere dejar reposar el pavo

INGREDIENTES

1 pavo de 5 kilos • 300 g de chile ancho • 4 clavos • 1 pizca de comino • 7 cucharadas de manteca o aceite • 2 hojas grandes de plátano.

Relleno

½ kilo de carne maciza de res • ½ kilo de carne maciza de cerdo • 2 cebollas • 10 dientes de ajo • 1 kilo de jitomates • chiles curtidos al gusto • 250 g de aceitunas • 250 g de almendras • 200 g de pasitas • 1 copa de vino o jerez • 2 litros de agua • manteca o aceite de maíz o de cártamo para freír • sal al gusto.

Pique el pavo con un cuchillo filoso por todos lados, para que se impregne con los diferentes sabores. Úntelo por dentro y por fuera con ajo molido y sal, déjelo macear toda la noche en un lugar frío. Al día siguiente prepare la salsa de chile. Ase en un comal el chile ancho; desvénelo y muélalo con las especias. En una cacerola caliente el aceite y fría la salsa durante 30 minutos a fuego regular o hasta que espese, sazone con sal. Unte al pavo con un poco de esta mezcla. Rellene el pavo con la mezcla de res. Cierre bien todos los agujeros y coloque el pavo en un recipiente para horno, vierta el caldo de cocción de las carnes y agregue un poco de salsa de chile ancho para darle un buen color; cubra con las hojas de plátano. Caliente el horno a 200 ºC y hornee el pavo durante 30 minutos, baje a 150º y hornéelo aproximadamente durante 2 horas y media o hasta que esté suave. Bañe constantemente con la salsa para que no se reseque. Servir el pavo en un platón.

Relleno

Hierva el agua con dos dientes de ajo y media cebolla, agregue la carne de puerco y de res y cocine durante 30 minutos. Reserve el caldo. Pique las carnes en cuadritos y también el jitomate, el resto de la cebolla y los ajos. Caliente el aceite en una cacerola gruesa y ponga a freír la cebolla con el ajo, deje que se cristalicen y agregue el jitomate; deje a fuego suave durante 15 minutos. Agregue el recaudo a la carne y cocine durante 20 minutos; añada los chiles curtidos picados, las aceitunas, las almendras y pasitas, sazone con sal y vierta la copa de vino.

Rinde 6 porciones

Grado de dificultad: medio

Tiempo de preparación: 1 hora

Requiere refrigeración

INGREDIENTES

15 g de levadura de cerveza • 8 cucharadas
de leche tibia • 300 g de harina • 4 huevos
• ½ cucharadita de sal • 1 cucharada de
azúcar • 150 g de mantequilla blanda
• 3 cucharadas de pasas remojadas
y secas.

Jarabe frío

200 g de azúcar • 375 ml de agua
• 10 cucharadas de ron, *kirsch* u otro licor.

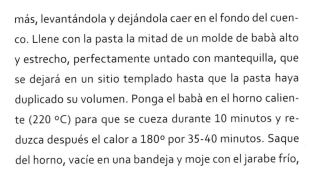

BABÀ AL RON

Fotografía: Ignacio Urquiza

Diluya la levadura en la leche tibia. Pásese la harina por un tamiz, póngala en un cuenco dejando un hueco en el centro (en volcán); añada la levadura y los huevos ligeramente batidos y junte la harina hacia el centro, en forma lenta. Levante con las manos la pasta, que estará blanda y pegajosa, y déjela caer varias veces en el fondo del cuenco. Cubra con un paño fino y deje en sitio templado por aproximadamente una hora o hasta que haya duplicado su volumen. Vierta la pasta sobre la mesa espolvoreada de harina, aplane con las manos, espolvoree con una pizca de sal y una cucharada de azúcar y unte con la mantequilla, espolvorear con 3 cucharadas de pasas remojadas y secas, y trabaje la pasta unos minutos

más, levantándola y dejándola caer en el fondo del cuenco. Llene con la pasta la mitad de un molde de babà alto y estrecho, perfectamente untado con mantequilla, que se dejará en un sitio templado hasta que la pasta haya duplicado su volumen. Ponga el babà en el horno caliente (220 °C) para que se cueza durante 10 minutos y reduzca después el calor a 180° por 35-40 minutos. Saque del horno, vacíe en una bandeja y moje con el jarabe frío,

Jarabe frío

En una cacerola mezcle 200 g de azúcar con 375 ml de agua. A partir del comienzo de ebullición calcule 6 minutos de cocción rápida y aparte el jarabe del fuego; incorpore 10 cucharadas de ron.

OSTIONES EN SU CONCHA CON DÚO DE SALSAS

Fotografía: Ignacio Urquiza

Limpiamos los ostiones de cualquier residuo de tierra o alga que puedan tener con la ayuda de un cuchillo; una vez que estén limpios se abren con la ayuda de un cuchillo especial. Se pica finamente la cebolla morada, el cilantro, el pimiento rojo y el verde, y se reservan. Se exprimen los limones y se guardan algunos para el montaje de los platos. Para el mismo se usará un poco de hielo *frappé* y se acomodarán los ostiones encima, poniendo limones cortados, una salsa a la mitad y la otra al resto.

Salsa de pimientos

En un tazón se junta el vinagre balsámico con el aceite de oliva y se agrega la cebolla morada, el cilantro y los pimientos picados, se sazona con sal y pimienta, y se puede agregar un toque de salsa Tabasco para dar un picor a la salsa.

Salsa de echalote

Se pica el echalote finamente y se saltea en una sartén a fuego medio con la mantequilla, una vez que se ha ablandado el echalote se agrega el vino blanco y se deja reducir una tercera parte, teminamos con el jugo de limón y se sazona con sal.

Rinde 6 porciones

Grado de dificultad: sencillo

Tiempo de preparación: 30 minutos

INGREDIENTES

600 g de ostiones en su concha • hielo *frappé* al gusto.

Salsa de pimientos

200 g de cebolla morada • 20 g de cilantro • 100 g de pimiento rojo • 100 g de pimiento verde • 500 g de limón • 50 ml de vinagre balsámico • 50 ml de aceite de oliva • 5 g de sal fina • 3 g de pimienta • 2 g de salsa Tabasco.

Salsa de echalote

250 g de echalote • 90 g de mantequilla • 100 ml de vino blanco • 50 ml de jugo de limón • 2 g de sal.

HUACHINANGO A LA VERACRUZANA

Rinde 6 porciones

Grado de dificultad: sencillo

Tiempo de preparación: 30 minutos

INGREDIENTES

1 cucharada de aceite • 4 dientes de ajo picados • ½ taza de cebolla finamente picada • 1 kilo de jitomates • 2 pimientos morrones verdes cortados en tiras • 1 pimiento morrón rojo cortado en tiras • 1 cucharadita de sal • ½ cucharadita de pimienta negra • 2 hojas de laurel • ½ cucharadita de orégano seco • ¼ de taza de alcaparras • 6 filetes de huachinango, robalo u otro pescado de carne firme (de 200 g c/u) • 2 cucharadas de mantequilla • 12 chiles güeros en vinagre.

En una cacerola grande calentar el aceite y freír los ajos y la cebolla durante 3 min. Agregar el jitomate, picado y sin semillas y dejar que hierva. Añadir los pimientos morrones, incorporar la sal, la pimienta, las hojas de laurel, el orégano y las alcaparras, tapar y cocinar a fuego lento durante 10 min. Comprobar la sazón y retirar del fuego. Antes de servir, precalentar el horno a 190 °C. Lavar y secar los filetes de pescado y espolvorearlos ligeramente con sal y pimienta, derretir la mantequilla en una sartén grande, saltear el pescado por ambos lados y pasarlo a un recipiente para horno engrasado. Bañarlo con la salsa, cubrir el recipiente con papel aluminio y hornear por 15 min. Adornar cada filete con 2 chiles güeros antes de servir y acompañar con arroz al vapor. En caso de emplearse un pescado entero el tiempo de horneado será mayor.

Rinde 6 porciones

Grado de dificultad: sencillo

Tiempo de preparación: 30 minutos

INGREDIENTES

6 cucharadas de harina • 1 cucharadita de polvo para hornear • ⅛ de cucharadita de sal • 6 huevos (separar las claras de las yemas) • ¼ de cucharadita de cremor tártaro • 6 cucharadas de azúcar • 1 litro de helado de vainilla • 60 g de chocolate semiamargo derretido • 2 tazas de cajeta • ½ taza de crema de leche espesa, no azucarada • ¾ de taza de agua • ½ taza de azúcar • 2 cucharadas de brandy • ¾ de taza de nueces tostadas y picadas.

NIÑO ENVUELTO CON HELADO DE CAJETA

Fotografía: Ignacio Urquiza

Precalentar el horno a 190 °C. Cerner la harina con el polvo para hornear y la sal, y reservar. En un recipiente batir las claras de huevo a punto de turrón, agregar el cremor tártaro y continuar batiendo junto con las 6 cucharadas de azúcar. Cuando las claras formen picos, batir lentamente mientras se integran las yemas de huevo una a una. Agregar la harina con movimientos envolventes y pasar la mezcla a un recipiente para horno previamente engrasado. Alisar la superficie con una espátula y hornear 30 minutos hasta que empiece a dorarse. Sacar el biscocho del horno, dejarlo enfriar por 10 minutos y desmoldar sobre un paño limpio, espolvorearlo con azúcar, reservar. Sacar el helado del congelador y dejar que se ablande por 10 min. Colocar en la superficie del biscocho y poner líneas del chocolate derretido por encima, enrollarlo, cortar los extremos para igualar, envolverlo con papel aluminio y meterlo al congelador. Poner la cajeta en una cacerola a baño maría con agua hirviendo. Agregarle la crema, mezclar y reservar. Hacer un jarabe con la media taza de azúcar y agua hirviendo en otra cacerola de paredes gruesas, agitar hasta que la mezcla sea homogénea. Retirar del fuego e incorporar el brandy. Reservar. Para emplatar: barnizar el rollo de helado con el jarabe, cubrirlo con la crema de cajeta caliente, espolvorear con las nueces y servir inmediatamente.

ENSALADA
CAPRESE

Rinde 6 porciones

Grado de dificultad: sencillo

Tiempo de preparación: 20 minutos

INGREDIENTES

½ kg de tomates • albahaca de hojas grandes y frescas • 400 g de queso *mozzarella* fresco, preferentemente de búfala • 50 ml de aceite de oliva • orégano • sal y pimienta.

Colocar el queso *mozzarella* en una fuente y sazonar con sal y pimienta. Rociar con aceite de oliva y mezclar. Dejar macerar por 30 min. Para servir, alternar en una fuente las rebanadas de tomate, queso *mozzarella* y albahaca, sobreponiéndolas poco a poco, con delicadeza. Sazonar con sal y pimienta y rociar con aceite de oliva. Sugerencia: dejar el queso macerando desde la noche anterior y armar al día siguiente.

CROQUETA DE JAIBA CON MAYONESA DE ALCAPARRAS

Fotografía: Ignacio Urquiza

Rinde 6 porciones

Grado de dificultad: media

Tiempo de preparación: 30 minutos

INGREDIENTES

600 g de pulpa de jaiba • 70 g de pimiento rojo • 100 g de cebolla cambray con rabo • 3 huevos • 250 ml de jugo de limón• 150 g de pan molido tipo panko • 4 g de sal • 3 g de pimienta • 150 ml de aceite vegetal.

Mayonesa de alcaparras

2 huevos • alcaparras (1 cucharadita o al gusto) • 1 cucharadita de jugo de limón • sal y pimienta al gusto • 200 ml de aceite.

Verduras en chile

300 g de pepino • 60 g de cebolla morada • 30 g de cilantro • 20 ml de salsa sambal • 10 g de miso rojo • 20 g de salsa de ajo y chile • 50 ml de jugo de limón • 5 g de sal fina • 30 g de chile serrano verde.

Primero se limpia la jaiba, cuidando de que no lleve nada de hueso; una vez limpia se reserva. Se corta finamente el pimiento rojo y el rabo de la cebolla cambray, reservando la parte blanca de ésta. Se junta el pimiento y el rabo con la jaiba y se agregan los huevos, el jugo de limón y se sazona con sal y pimienta. Se hacen bolas del tamaño deseado y se pasan por panko para empanizarlas. Se fríen hasta que tomen el color deseado.

Mayonesa de alcaparras

Se licúan las alcaparras con los huevos y sin apagar la licuadora se pone el aceite vegetal en forma de un hilo continuo hasta que espese. Reservar.

Verduras en chile

Se pela el pepino y se pica sin semilla, se reserva; aparte se pica la cebolla morada, la parte blanca de la cebolla de cambray y el cilantro (reservando unas hojas para la decoración). En un tazón se junta el pepino, la cebolla morada y la parte blanca de la cebolla de cambray con el cilantro, la salsa sambal, el miso y la salsa de ajo y chile, se comprueba la sazón con jugo de limón y sal.

Montaje

Se pone la croqueta de jaiba sobre la mayonesa de alcaparras y se decora con una hoja de cilantro encima, una rodaja de chile serrano verde y con las verduras en chile a un lado.

GALLETAS MERENGUE DE CHOCOLATE

Fotografía: Sergio Martínez

Rinde 6 porciones

Grado de dificultad: medio

Tiempo de preparación: 1 hora

INGREDIENTES

200 g de chocolate semiamargo fundido
• 8 claras de huevo • 2 tazas de azúcar
morena • 1 pizca de sal • 1 cucharadita
de ralladura de naranja.

Precalentar el horno a 135 ºC. Colocar 2 capas de papel encerado en una charola para hornear. Verter suficiente agua en una olla mediana hasta llegar a una profundidad de unos 2 cm, llevar a fuego fuerte. Batir a mano las claras de huevo junto con el azúcar, la sal y la ralladura de naranja en un recipiente a baño maría unos 5 minutos a fuego lento hasta que esté caliente y comience a espesar. Transferir la mezcla a un cuenco grande y dejar enfriar. Mezclar con una batidora eléctrica a velocidad media-alta de 8 a 10 min hasta formar picos rígidos. Añadir poco a poco el chocolate fundido y doblar la mezcla hasta que el chocolate se incorpore. Usando una cuchara grande, colocar alrededor de ½ taza de la mezcla en la charola con el papel encerado para formar cada galleta, dejando un espacio de 2 cm de separación. Hornear unos 40 min hasta que se les forme una delgada coteza. Dejar enfriar compleamente, retirar del papel y servir.

TAMALES OAXAQUEÑOS Y DE CHIPILÍN

Fotografía: Ignacio Urquiza

Rinde 20 porciones

Grado de dificultad: medio

Tiempo de preparación: 1 hora

INGREDIENTES

Tamales oaxaqueños

½ kg de carne maciza de cerdo
• ½ cebolla • 3 dientes de ajo
• ½ cucharadita de sal • 8 chiles anchos
desvenados y sin semillas • 8 chiles guajillo
desvenados y sin semillas • 2 tomates
• 1 cucharadita de mejorana seca • 6 granos
de pimienta negra • 3 clavos de olor
• ½ kg de masa de maíz • 5 cucharadas
de manteca de cerdo • 1 hoja grande de
plátano, y otras para forrar la vaporera.

Tamales de chipilín

4 a 6 chiles serranos • ½ kg de tomates
verdes sin cáscara • 1 diente de ajo
• ½ taza de caldo de pollo • ½ taza de
cilantro • 150 g de hojas de chipilín lavadas
y desinfectadas • 1 cucharada de aceite
• ¼ de cebolla • 2 pechugas de pollo cocidas
y desmenuzadas • sal • 30 hojas secas de
maíz remojadas en agua caliente hasta que
se puedan doblar • 4 tazas de masa de maíz
• ½ taza de manteca de cerdo.

Tamales oaxaqueños

En una cacerola grande cubrir la carne de cerdo con agua y agregar un diente de ajo, ¼ de cebolla y ½ cucharadita de sal. Cuando comience a hervir, tapar y cocer a fuego lento entre 15 y 60 minutos o hasta que la carne esté tierna. Desmenuzar la carne (conservar el caldo). Asar los chiles y colocarlos en un recipiente, cubrirlos con agua caliente y dejarlos reposar durante 20 minutos. Mientras tanto, asar los tomates, pelarlos y hacerlos puré, y reservar. Asar el otro ¼ de cebolla y 2 dientes de ajo, la mejorana, la pimienta y los clavos. Escurrir los chiles y pasar a un procesador de alimentos. Agregar la cebolla asada, los ajos, la mejorana, la pimienta, los clavos y 1 taza del caldo que se reservó; procesar hasta que quede un puré ligero. En la sartén derretir una cucharada de manteca y saltear la mezcla anterior durante 5 minutos. Agregar el puré de los tomates y continuar durante otros 5 minutos; añadir la carne, mezclar bien y tapar. Cocer a fuego lento durante 10 minutos.

Poner la hoja de plátano directamente sobre el fuego durante 5 segundos. Cortarla en cuadros de 13 a 15 cm por lado. Mezclar 2 cucharadas de manteca con la masa durante 5 minutos. Con la manteca restante engrasar un lado de la hoja de plátano. Colocar un cuadro de masa de unos 8 cm por lado en la cara de la hoja con la manteca y cubrirlo con 1 ½ cucharadas de mezcla de carne.

Doblar las orillas opuestas de la hoja hacia el centro, y luego hacer lo mismo con las otras dos orillas de manera que se forme un rectángulo cerrado. Para asegurar los tamales, atarlos con tiras finas de la misma hoja. Poner 2 tazas de agua en un olla de presión con rejilla para cocinar al vapor, cubrir la rejilla con las otras hojas de plátano extendidas. Colocar los tamales sobre las hojas de plátano. Tapar la olla y cocer durante 20 minutos. Si se emplea una vaporera seguir el mismo procedimiento, pero con 4 tazas de agua y cocer durante una hora. Servir calientes en su hoja.

Tamales de chipilín

Cocer los chiles en una cacerola con agua hirviendo durante 4 minutos. Agregar los tomates verdes y seguir cociendo durante 2 minutos más. Escurrir y pasar los chiles y tomates verdes a un procesador de alimentos. Añadir el ajo y el caldo de pollo, y hacer un puré. Incorporar el cilantro y el chipilín y procesar ligeramente. Calentar el aceite, agregar la cebolla y saltear hasta que empiece a dorarse. Añadir la mezcla ante-

rior y cocer a fuego fuerte durante 5 minutos. Agregar el pollo, mezclar bien, tapar y cocer a fuego lento durante 5 minutos. Salar al gusto. Si la mezcla queda demasiado espesa aligerarla con un poco de caldo de pollo. Reservar. Colocar la masa en un tazón grande, agregar una cucharada de sal y amasar de 2 a 3 minutos. Añadir la manteca derretida y seguir amasando 5 minutos más. Extender una hoja de maíz, colocar sobre ella 1 ½ cucharadas de masa y aplanarla con la palma de la mano hasta formar un rectángulo de unos 8 cm por lado (hay que dejar unos 3 cm de hoja por los 4 lados). Colocar encima 1 ½ cucharadas de pollo guisado, enrollar la hoja por lo largo y doblar la parte puntiaguda hacia arriba. Reservar los tamales preparados de manera que no se deshagan. En el fondo de la vaporera verter 4 tazas de agua y cubrir la rejilla con un lecho de hojas de maíz, colocar los tamales con la parte doblada hacia abajo. Cuando el agua comience a hervir, bajar el fuego, tapar y cocer al vapor durante una hora o hasta que al desenvolver la masa no se adhiera a la hoja. Servir calientes.

PAN DE MUERTO Y ATOLE DE PIÑA

Pan de muerto

Rinde 8 porciones

Grado de dificultad: medio

Tiempo de preparación: 4 horas

INGREDIENTES

1 cucharadita de levadura natural seca
• ¼ de taza de agua tibia • 4 tazas de harina
de trigo • ½ taza de azúcar • 2 cucharaditas
de semillas de anís en polvo • 1 cucharadita de
nuez moscada molida • ½ taza de mantequilla
derretida • agua de azahar (opcional) • 1 clara
y ½ yema de huevo mezcladas • azúcar para
espolvorear.

Atole de piña

Rinde 8 porciones

Grado de dificultad: sencillo

Tiempo de preparación: media hora

INGREDIENTES

155 g de masa de maíz • 6 tazas de agua
• 345 g de pulpa de piña • 125 g de piloncillo
o azúcar morena • 2 tazas de piña pelada
y cortada en dados.

Fotografía: Ignacio Urquiza

Pan de muerto

Mezclar la levadura con el agua y ⅓ de taza de harina. Dejar reposar hasta que la mezcla duplique su tamaño. Poner el resto de la harina en un recipiente grande, hacer un hoyo en el centro y poner en él la clara y la yema mezcladas, la sal, el azúcar, el anís, la nuez moscada, la mantequilla y el agua de azahar. Batir el conjunto, añadir la levadura preparada con la harina y mezclar bien todos los ingredientes. Amasar sobre una superficie enharinada durante 15 minutos o hasta que la masa no se adhiera a la superficie. Pasar la masa a un recipiente engrasado, cubrirla con un paño limpio, y dejarla en un lugar cálido sin corrientes de aire durante 3 horas, o hasta que aumente su volumen. Precalentar el horno a 230 ºC. Separar ⅓ de la masa para formar una bola de unos 5 cm de diámetro y una tira larga. Moldear pequeños trozos de la tira en forma de huesos. Reservar. Con la masa restante, formar un pan redondo, barnizarlo con parte de la mezcla del huevo. Poner la bola en la cúspide del pan y colocar los "huesos" en radios alrededor de la bola. Barnizar con el resto de la mezcla del huevo. Hornear durante 10 minutos a la temperatura seleccionada, luego bajar la temperatura a 180 ºC y continuar horneando durante 30 minutos más. Espolvorear con el azúcar y servir a temperatura ambiente.

Atole de piña

Deshacer la masa en 4 tazas de agua. Dejarla reposar durante 15 minutos, colar y reservar el agua. En un procesador de alimentos, hacer un puré con la pulpa de la piña y 2 tazas de agua. Colar y reservar el agua de piña. En una cacerola revolver el agua en la que se deshizo la piña con el piloncillo o el azúcar morena, y poner a cocer el conjunto a fuego medio. Dejar que hierva y revolver constantemente durante 15 minutos o hasta que la mezcla espese. Retirar del fuego, agregar los dados de piña y agitar durante otros 5 minutos. Servir caliente.

CHILE ANCHO RELLENO DE CHILAQUILES CON SALSA DE FRIJOL

Fotografía: Ignacio Urquiza

Rinde 6 porciones

Grado de dificultad: medio

Tiempo de preparación: 2 horas

INGREDIENTES

Chiles

½ taza de aceite de oliva • ½ taza de aceite de maíz • 1 taza de agua caliente • 4 cucharadas de vinagre de manzana • 1 cucharadita de pimientas negras • ½ cebolla partida en trozos • 2 ramitas de tomillo, laurel y perejil picados finamente • sal al gusto • 6 chiles anchos, lavados y remojados.

Chilaquiles

¾ de kg de tomates verdes, lavados • 4 dientes de ajo pelados • ¼ de cebolla, partida en trozos • 6 chiles serranos (o al gusto) • ½ taza de cilantro picado • 1 ramita de epazote fresco • sal al gusto • 1 cucharada de aceite de maíz • aceite para freír • 16 tortillas de maíz, de preferencia del día anterior, cortadas en cuadritos • 1 taza de crema de leche espesa, no azucarada • ½ taza de queso fresco • 2 tazas de frijoles refritos.

Chiles

En un recipiente mezcle los aceites con el agua, el vinagre, las pimientas, la cebolla y las hierbas finas, sazone con sal. Sumerja los chiles remojados y limpios en la vinagreta y déjelos macerar durante una hora y media. Cuidando que no se rompan haga un corte longitudinal en cada uno y retire las semillas y venas.

Chilaquiles

En una cacerola con agua cocine los tomates con los dientes de ajo, la cebolla y los chiles serranos durante 5 minutos o hasta que estén tiernos. Escurrir el conjunto y moler todos estos ingredientes en un procesador de alimentos junto con el cilantro y el epazote; sazonar al gusto. Caliente una sartén y vierta la cucharada de aceite de maíz, incorpore la salsa y cocine hasta que se evapore un poco el líquido. Reservar. Corte las tortillas por la mitad, y divida cada mitad en 3 pedazos. Vierta un centímetro de aceite en una sartén grande al fuego. Cuando el aceite esté bien caliente incorpore los trozos de tortilla y fríalos sin dejar de moverlos de 3 a 4 minutos o hasta que estén dorados y crujientes. Escurra y reserve. Antes de servir, caliente la salsa verde e incorpore en ella las tortillas cuidando no romperlas, justo antes de rellenar los chiles para que se mantengan crujientes. Agregue crema y queso. Sirva sobre una cama de frijoles refritos.

HUEVOS «RABO DE MESTIZA»

Fotografía: Ignacio Urquiza

Rinde 1 porción

Grado de dificultad: sencillo

Tiempo de preparación: 30 minutos

INGREDIENTES

¾ de tomate grande • 1 ½ cucharaditas de cebolla picada • ½ diente de ajo • 1 ½ cucharadas de aceite • ½ cucharadita de sal • ⅛ de cucharadita de pimienta negra • 2 huevos • ½ chile poblano asado, desvenado y cortado en rajas (tiras) • 1 cucharada de queso tipo manchego • 1 cucharada de crema de leche espesa, no azucarada.

Moler el tomate con la cebolla y el ajo. Colar. Calentar el aceite en una cazuela pequeña o en una sartén, agregar el tomate molido y saltear durante 5 minutos. Salpimentar. Mantener 5 minutos más sobre el fuego y comprobar la sazón. Bajar un poco el fuego y agregar los huevos sin romper las yemas. Dejar que la salsa comience a hervir y añadir las rajas y el queso. Bajar nuevamente el fuego y continuar la cocción hasta que las claras se hayan cocido. Antes de servir adornar con crema.

ATOLE DE GUAYABA

Fotografía: Sergio Martínez

Rinde 6 porciones

Grado de dificultad: sencillo

Tiempo de preparación: 30 minutos

INGREDIENTES

155 g de masa de maíz • 6 tazas de agua • 345 g de pulpa de guayaba colada • 125 g de piloncillo o azúcar morena • 1 raja de canela.

En un recipiente disuelva la masa con 4 tazas de agua, deje reposar por 15 min, colar y reservar. En un procesador de alimentos, haga un puré con la pulpa de guayaba, el agua restante y el azúcar. Incorpore la mezcla de la masa y vierta todo en una cacerola. Cocine a fuego medio junto con la canela y mueva hasta que espese. Sirva bien caliente.

Rinde 6 porciones

Grado de dificultad: sencillo

Tiempo de preparación: 30 minutos

INGREDIENTES

6 jícamas lavadas, peladas • ½ kilo de espinacas *baby* • 5 naranjas peladas y cortadas en gajos • 6 rabanitos cortados en rodajas • 1 cebolla morada rebanada en media luna • 200 g de nuez caramelizada • 100 g de acitrón cortado en dados pequeños • 1 taza de daditos de pan fritos.

Vinagreta

1 ½ cucharaditas de salsa de soya • ½ taza de aceite de maíz • 2 cucharadas de vinagre de manzana • 1 cucharadita de caldo de pollo • 1 cucharadita de estragón seco • ½ cucharadita de orégano seco • ½ cucharadita de hierbas finas.

....

Con un cuchillo filoso corte la parte superior de las jícamas y ahuéquelas por el centro, corte en tiras la jícama que retire. 15 minutos antes de servir mezcle la jícama en tiras, las espinacas, los gajos de naranja, los rabanitos y la cebolla morada en una ensaladera. Agregar la vinagreta a la ensalada y mezclar bien. Para servir rellene las jícamas con la ensalada y esparza encima las nueces cristalizadas, el acitrón y los daditos de pan.

Vinagreta

Mezclar todos los ingredientes; la vinagreta debe hacerse con 6 horas de anticipación.

Fotografía: Sergio Martínez

ENSALADA DE ESPINACA CON GAJOS DE NARANJA SERVIDA EN JÍCAMA

Fotografía: Ricci Reynoso

ROLLO DE CARNE

Rinde 8 porciones

Grado de dificultad: medio

Tiempo de preparación: 1 hora y 30 minutos

INGREDIENTES

1 ½ kilos de carne de res • 1 ½ tazas de puré de tomate • ¾ de taza de cebolla picada finamente • 12 cucharadas de aceite de olivo • 6 chiles poblanos asados y cortados finamente • Sal y pimienta al gusto • 6 rebanadas de pan blanco remojado en leche • 350 g de queso manchego rallado • ¾ de taza de perejil picado finamente • ¼ de crema para batir(opcional) • 50 g de nuez (opcional).

Precalentar el horno a 180º C. Se revuelve la carne, el puré de tomate, la cebolla, el aceite, los chiles, la sal, la pimienta y el pan remojado. Cuando esté muy bien mezclado se extiende en un trapo húmedo, se le agrega uniformemente el queso y el perejil, y se enrolla. Se hornea por 45 minutos. Se saca del horno y se acomoda en un platón. Si desea se puede cubrir con crema para batir y nuez.

PANQUÉ DE LIMÓN

Fotografía: Ricci Reynoso

Rinde 6 porciones

Grado de dificultad: sencillo

Tiempo de preparación: 45 minutos

INGREDIENTES

250 g de mantequilla • 250 g de azúcar
• 8 huevos • 250 g de harina cernida
• 1 cucharadita de polvo para
hornear • raspadura de 2 limones
• jugo de 3 limones • 250 g de azúcar glas
• 1 clara de huevo • ralladura de limón.

En un procesador de alimentos batir la mantequilla con el azúcar hasta suavizar, agregándo las yemas de 8 huevos una por una. Agregar la harina cernida y el polvo para hornear. Después agregar la raspadura y el jugo de un limón. Por separado, batir las claras a punto de turrón, incorporarlas a la mezcla de mantequilla. Vaciar la mezcla a un molde para panqué previamente engrasado y enharinado. Hornear a 180 ºC por 30 minutos. Sacar del horno y dejar enfriar. Para la decoración, mezclar en un bol el azúcar glas, el jugo de dos limones, la ralladura y la clara de un huevo hasta obtener una consistencia homogénea. Cubrir uniformemente el panqué para formar una corteza delgada.

CALLO DE HACHA CON AGUACATE

Fotografía: Ricci Reynoso

Rinde 6 porciones

Grado de dificultad: sencillo

Tiempo de preparación: 30 minutos

INGREDIENTES

500 g de callo de hacha cortado en trozos • ⅓ de taza de jugo de limón • 1 cucharadita de orégano fresco finamente picado • 1 cucharadita de cilantro finamente picado • ⅔ de taza de aceite de oliva • sal y pimienta negra recién molida • 3 aguacates grandes y maduros • chiles serranos en rodajas o finamente picados.

Poner el callo de hacha en un recipiente de vidrio y agregar ¼ de jugo de limón, el orégano, el cilantro y el aceite. Sazonar con sal y pimienta y dejar reposar por 25 minutos o hasta que el callo de hacha esté opaco. Partir cada aguacate a la mitad, quitar el hueso, sacar bolitas de la pulpa con ayuda de una cuchara y barnizarlas ligeramente con jugo de limón. Guardar las cáscaras. Mezclar las bolitas de aguacate con el callo y rellenar las cáscaras de aguacate. Adornar con chiles serranos rebanados.

FILETE ADOBADO DE RES

Rinde 6 porciones

Grado de dificultad: medio

Tiempo de preparación: 2 horas

INGREDIENTES

1 cucharada de sal

• ½ cucharadita de pimienta negra • ½ cucharadita de mostaza de Dijon • 6 filetes de res • 4 chiles anchos desvenados y sin semillas • 8 chiles guajillo desvenados y sin semillas • 2 tazas de agua • 4 dientes de ajo • ½ cebolla pequeña • 6 granos de pimienta • ½ cucharadita de mejorana seca • ½ cucharadita de orégano seco • ½ cucharadita de comino en polvo • 1 tomate asado y pelado • 3 cucharadas de mantequilla • 3 cucharaditas de vinagre de vino.

Mezclar la sal con la pimienta y la mostaza, untar el filete con esta mezcla. Dejarlo reposar durante 50 minutos. En un comal o sartén asar los chiles. Remojarlos en agua caliente durante 15 minutos y escurrirlos. En un procesador de alimentos hacer un puré con los chiles, las tazas de agua, el ajo, la cebolla, la pimienta, la mejorana, el orégano y el comino. Reservar. Aparte, moler el tomate y reservarlo. En una cacerola pequeña derretir la mantequilla y agregar el puré de los chiles; saltear sin dejar de mover durante 5 minutos, luego agregar el tomate molido y saltear durante 5 minutos más. Añadir el vinagre, mezclar bien y cocer el conjunto a fuego medio durante 30 minutos o hasta que espese. Bañar el filete con la salsa y dejarlo marinar por 30 minutos. Colocar el filete en una parrilla caliente bañado en el adobo y dar vuelta con frecuencia para impedir que la carne se queme. Quedará cocido en unos 20 minutos o menos, dependiendo del término deseado.

NIEVE DE MANGO

Rinde 6 porciones

Grado de dificultad: media

Tiempo de preparación: 2 horas

Requiere refrigeración

INGREDIENTES

2 ½ kilos de mangos pelados • 3 tazas de agua • 2 ½ tazas de azúcar • 10 tazas de hielo picado • 3 tazas de sal gruesa.

....

En un procesador de alimentos hacer un puré con el mango, pasarlo a un recipiente de aluminio o vidrio y refrigerarlo durante 12 horas. En una cacerola hervir el agua con el azúcar. Dejar que enfríe y refrigerar durante una hora. Agregar este almíbar al puré de mango, mezclar y volver a refrigerar durante 20 minutos. En un recipiente grande poner el hielo con la sal, situar el recipiente con el puré de mango en el centro del hielo y agitarlo enérgicamente hasta que comience a adquirir consistencia de helado. Aproximadamente una hora.

Fotografía: Ricci Reynoso

ENSALADA DE ESPINACAS CON ADEREZO DE JAMAICA

Fotografía: Ricci Reynoso

Lavar las espinacas y los berros, escurrirlos, cortarlos y reservar. Machacar el ajo con las flores de jamaica en un molcajete. Agregar 2 cucharadas de aceite y moler hasta formar una pasta, añadir el resto del aceite y pasar a un tazón. Incorporar el vinagre, la sal y la pimienta. Dejar reposar durante una hora. Este aderezo se puede colar o se puede servir sin colar. Colocar las espinacas y los berros en una ensaladera con las cebollitas de cambray. Mezclar con el aderezo y esparcir los trocitos de tocino.

Rinde 6 porciones

Grado de dificultad: medio

Tiempo de preparación: 30 minutos

Requiere reposo

INGREDIENTES

400 g de espinaca *baby* • 1 manojo de berros • 2 dientes de ajo • ⅓ de taza de flores de jamaica secas • ¾ de taza de aceite de maíz o cártamo • 2 ½ cucharadas de vinagre de vino tinto • ½ cucharadita de sal • ½ cucharadita de pimienta negra • 8 cebollitas de cambray cortadas en rodajas • 8 tiras de tocino frito y crujiente.

Fotografía: Ricci Reynoso

Rinde 6 porciones

Grado de dificultad: medio

Tiempo de preparación: 30 minutos

INGREDIENTES

3 cucharadas de aceite • ¼ de taza de cebolla finamente picada • 4 dientes de ajo picados finamente • 1 kilo de tomates maduros, pelados y picados • 1 cucharadita de pimienta recién molida • 3 hojas de laurel • 2 cucharadas de tomillo seco • 1 cucharada de sal • 1 cucharada de líquido de una lata de chiles güeros • 3 cucharadas de mantequilla • 36 camarones U10 pelados y sin la línea oscura del lomo • 4 cucharadas de perejil picado • 12 chiles güeros en vinagre.

CAMARONES A LA MEXICANA

En una cacerola grande calentar el aceite, agregar la cebolla y los ajos y freír hasta que estén transparentes, añadir los tomates y cocer a fuego lento sin dejar de mover. Incorporar la pimienta, el laurel, el tomillo, la sal y el líquido de los chiles. Continuar cociendo 10 minutos más. Corregir la sazón. Al momento de servir, derretir la mantequilla en una sartén y saltear los camarones. Pasarlos a la cacerola con la salsa caliente y cocinarlos durante 4 minutos o hasta que estén cocidos. Servirlos espolvoreados con el perejil y decorar con los chiles güeros.

PASTEL DE TRES LECHES

Fotografía: Ricci Reynoso

Rinde 10 porciones

Grado de dificultad: medio

Tiempo de preparación: 1 ½ horas

Requiere 2 horas de refrigeración

INGREDIENTES

2 ½ tazas de harina de trigo
• 1 cucharadita de polvo para hornear
• 7 huevos, separar las claras de
las yemas • 1 taza de azúcar • ¾ de taza de
leche • 1 cucharadita de esencia de vainilla
• 1 lata de leche evaporada • 1 lata de leche
condensada • 1 taza de crema de leche
espesa, no azucarada • ¼ taza de brandy
(opcional).

Merengue

6 claras de huevo • una pizca
de sal • ¼ de cucharadita de cremor
tártaro• ¾ de taza de agua • 1 ½ tazas
de azúcar • la ralladura de un limón.

Precalentar el horno a 190 °C. Engrasar y enharinar un molde redondo de unos 25 cm de diámetro. Cerner la harina junto con el polvo para hornear. En un recipiente grande batir las claras con batidora eléctrica a punto de turrón. Añadir el azúcar y batir hasta que a la hora de detener se formen picos consistentes; después, agregar las yemas una por una. Reducir la velocidad de la batidora y agregar un tercio de la harina y un tercio de la leche. Repetir la operación hasta que se haya incorporado toda la harina y toda la leche, y entonces poner la vainilla. Vaciar la mezcla en el molde ya preparado y hornear entre 35 y 40 minutos o hasta que al introducir un palito o cuchillo éste salga limpio. Dejar enfriar 5 minutos y desmoldar. Cortar el pastel en 3 capas horizontales. En otro recipiente, mezclar la leche evaporada, la leche condensada y la crema. Añadir el brandy si se desea. Distribuir un tercio de la mezcla de leches sobre la primera capa del pastel, colocar la segunda capa por encima y cubrirla con otro tercio de las leches; colocar encima la última capa del pastel y bañarla con el resto de la mezcla de leches. Para preparar el merengue: batir las claras, la sal y el cremor tártaro en un tazón hasta punto de turrón. Reservar. En una cacerola pequeña pero gruesa, mezclar bien el agua, el azúcar y la ralladura de limón. Hervir a fuego medio-fuerte hasta que el almíbar adquiera el punto de bola floja o hasta que al poner un termómetro éste registre 120 °C. Retirar del fuego y en forma de chorro delgado incorporar el almíbar a las claras batidas. Batir durante 5 minutos hasta que la mezcla adquiera una consistencia firme. Cubrir los lados y la parte superior del pastel con el merengue y refrigerarlo hasta el momento de servir.

Rinde 6 porciones

Grado de dificultad: medio

Tiempo de preparación: 30 minutos

INGREDIENTES

3 tazas de frijoles negros cocidos • 3 tazas de agua • 5 tiras de tocino ahumado picadas • 2 cucharadas de cebolla finamente picada • 1 ramita de epazote • 1 cucharada de orégano seco • sal • aceite para freír • 5 tortillas de maíz cortadas en tiras delgadas • 8 cucharadas de crema de leche espesa • 6 rodajas de limón (opcional).

En un procesador de alimentos moler los frijoles con 2 tazas de agua. En una cacerola grande sin aceite dorar el tocino. Cuando haya soltado la grasa, sacarlo y reservar. En la misma grasa del tocino saltear la cebolla hasta que esté transparente y luego añadir el puré de frijoles. Mantener al fuego sin dejar de mover hasta que empiece a hervir, agregar el epazote y el orégano. Sazonar con sal al gusto, tapar, bajar el fuego y cocer durante 15 minutos. Si la sopa está demasiado espesa añadir el agua restante. Poner un poco de aceite en una sartén pequeña y freír las tiras de tortilla hasta que estén doradas, sacarlas del aceite y escurrirlas sobre papel absorbente. Servir la sopa en platos hondos y adornar con las tiras de tortilla, una cucharada de crema, el tocino frito y una rodaja de limón.

SOPA DE FRIJOL CON TOCINO

Fotografía: Ricci Reynoso

TORTITAS DE HUAZONTLE GRATINADAS EN SALSA VERDE

24

DE MI LIBRO
*MÉXICO,
UNA HERENCIA
DE SABORES*

Fotografía: Ricci Reynoso

Rinde 6 porciones

Grado de dificultad: medio

Tiempo de preparación: 1 hora

INGREDIENTES

4 tazas de agua • 1 cucharadita de sal • 6 varas de huazontle • 160 g de queso fresco • 2 tazas de aceite para freír • 3 huevos • ½ taza de harina.

Salsa verde

4 tazas de agua • 1 kilo de tomate verde sin cáscara • 3 chiles verdes • 1 diente de ajo • 3 ramas de cilantro • 2 hojas de hierba santa • 1 cucharada de cebolla picada • sal al gusto • 1 cucharada de aceite vegetal • pimienta al gusto • 190 g de queso crema • 1 taza de crema fresca • 200 g de queso manchego o chihuahua rayado.

Poner a hervir en una cacerola 4 tazas de agua con sal. Limpiar los huazontles y remover los tallos con flores. Agregar a la cacerola y cocinar a fuego alto hasta que estén tiernos (8 minutos). Escurrir presionando con la mano para remover el exceso de agua. Formar pequeños montoncitos (aproximadamente 14) con la palma de la mano y exprimir nuevamente. Rellenar, insertando un trozo de queso de aproximadamente 10 g en cada montoncito. Apretar cerrando el puño y colocarlos en una charola. Calentar el aceite en una sartén de tamaño mediano. Batir las claras de huevo a punto de turrón. Incorporar las yemas con mucho cuidado y mezclar. Enharinar las tortitas, pasarlas por el huevo batido y freírlas. No freír más de 3 a la vez para evitar que se quemen o se peguen. Cuando cada tortita se dore ligeramente por un lado, darle vuelta con ayuda de una cuchara; una vez fritas, escurrirlas para eliminar el exceso de aceite. Calentar el horno a 180 °C.

Salsa verde

Poner 4 tazas de agua en una cacerola a fuego medio, agregar los tomates, chiles verdes y el diente de ajo y dejarlos cocer durante 5 minutos, luego escurrirlos. Pasar todos estos ingredientes junto con el cilantro, las hojas de hierba santa, la cucharada de cebolla picada, y la sal a un procesador de alimentos con 2 tazas del agua con la que hirvieron los tomates y licuar. Reservar. Calentar una cucharada de aceite en una sartén. Agregar el puré obtenido y saltear durante 8 minutos. Comprobar la sazón, bajar el fuego, tapar y dejar que se cueza durante otros 5 minutos. Mezclar el queso crema con la crema y reservar. Poner las tortitas en un recipiente para horno. Cubrir con la salsa y esparcir sobre ellas el queso crema mezclado con la crema. Espolvorear con el queso manchego rayado. Hornearlas hasta que el queso se haya dorado ligeramente. Servir.

MOUSSE DE CAJETA

Fotografía: Ricci Reynoso y Sergio Martínez

Rinde 10 porciones

Grado de dificultad: sencillo

Tiempo de preparación: 30 minutos

Requiere refrigeración

INGREDIENTES

400 g de cajeta envinada • 5 huevos, separar la yema de las claras • 2 cucharadas de leche • 1 cucharada de azúcar • 3 palanquetas de ajonjolí picadas.

Ponga la cajeta en baño maría y deje que se caliente hasta que tenga una consistencia ligera; agregue las dos cucharadas de leche y las yemas de una en una y revuelva con una pala de madera para que se integren. Retire del fuego y pase a un recipiente hondo para que se entibie. En un tazón bata las claras con el azúcar a punto de turrón y envuélvalas suavemente a la cajeta hasta que tenga un color uniforme. Refrigerar por un mínino de 5 horas y servir en copas altas. Decorar con la palanqueta de ajonjolí picada.

SALBUTES

Fotografía: Ricci Reynoso

Rinde 24 salbutes

Grado de dificultad: medio

Tiempo de preparación: 40 minutos

INGREDIENTES

1 pechuga de pollo • ¼ de kg de masa de maíz • 5 cucharadas de harina de trigo • 1 cucharadita de manteca de puerco • 1 pizca de pimienta en polvo • 4 hojas de orégano • 50 g de recado colorado • jugo de 4 naranjas agrias • aceite • sal al gusto.

Cebolla

3 cebollas moradas • ½ litro de vinagre • ½ cucharadita de orégano en polvo • ½ cucharadita de pimienta en polvo • 1 chile habanero.

Para decorar

1 tomate rojo en rebanadas • 1 lechuga.

La masa se revuelve con la harina, un chorrito de manteca y sal, si es necesario se podrá agregar un poco de agua para facilitar amasarla. Se forman unas tortillas, torteando en un pedazo de plástico o con la ayuda de una tortillera. No deben quedar muy gruesas. Se fríen en bastante aceite, y se les salpica aceite caliente encima hasta que levante el hollejo. Se ponen en un colador para que escurran el exceso de aceite. En una cacerola con agua suficiente se le da un hervor al pollo con sal, pimienta y orégano. Se escurre y se adoba con el recado colorado disuelto en el jugo de naranja agria y un poco de sal, y se asa; ya frío, se deshebra. Para servir se fríen y preparan los salbutes a la hora de comer. Se acomodan las tortillas en platos individuales o en un platón, se les pone un poco de lechuga, el pollo deshebrado, la cebolla y una rebanada de tomate. Se puede servir el consomé en el que se coció el pollo en tazas con un chorrito de naranja agria para acompañarlos. La palabra *salbut* significa "de relleno ligero" y viene de la unión de dos palabras mayas: "saál" que significa ligero y "buth" que significa relleno.

Cebolla

Se corta la cebolla en rebanadas, se le agrega el vinagre, el orégano, la pimienta, y se sazona con sal y el chile habanero.

COCHINITA PIBIL

Fotografía: Ricci Reynoso

Rinde 8 porciones

Grado de dificultad: medio

Tiempo de preparación: 5 horas

INGREDIENTES

1 ½ kilo de carne magra de cerdo
• 90 g de achiote • 1 ½ tazas de jugo
de limón verde • 2 cucharaditas
de sal • 1 taza de jugo de naranja
• 2 hojas de plátano.

Salsa de cebolla

2 tazas de cebolla morada en aros
• 1 taza de jugo de naranja fresco • 1 taza
de jugo de limón verde • 1 cucharadita de
sal • 6 chiles manzano o habanero.

Cortar la carne en trozos de unos 5 cm y ponerla en un recipiente. Con ayuda de los dedos diluir el achiote en un tazón pequeño con los jugos de limon y naranja, agregar la sal. Vaciar este líquido sobre la carne, tapar con un paño y marinar en refrigeración por lo menos 3 horas. Precalentar el horno a 165 ºC. Sostener las hojas de plátano directamente sobre el fuego durante unos minutos hasta que se ablanden. Forrar con las hojas un recipiente para horno rectangular, una a lo largo y otra a lo ancho, las orillas deberán sobresalir del recipiente. Colocar la carne y la marinada sobre las hojas. Doblar los extremos de las hojas sobre la carne humedeciéndolos ligeramente para que no se quemen. Cubrir con papel aluminio. Hornear durante 2 horas. Sacar del horno y destapar la carne. Deberá estar muy tierna, casi a punto de deshacerse, si no volver a tapar y regresar al horno 30 minutos más. Servir caliente y presentar con la salsa de cebolla aparte, la cual se prepara cuatro horas antes de servir.

Salsa de cebolla

Poner la cebolla en un tazón y agregar los jugos y la sal junto con los chiles.

DULCE DE PAPAYA CON QUESO

Fotografía: Ricci Reynoso

Rinde 10 porciones

Grado de dificultad: medio

Tiempo de preparación: 2 horas y media

Requiere reposo

INGREDIENTES

1 papaya amarilla de aproximadamente
2 kilos • 100 g de cal • 2 kg de azúcar
• ½ litro de agua • 2 cucharadas de
extracto de vainilla • 10 g de canela en raja
• 100 g de queso Edam en cuadritos.

Se limpia la papaya quitándole la cáscara y el gabazo con todo y semillas. Se corta a lo largo, con tajadas de 4 a 5 cm de ancho, para cortar luego en forma triangular de manera que queden piezas de 7x5 cm aproximadamente. Se remojan en agua con cal, lo suficiente para cubrirlas, se dejan reposar durante una hora y después se enjuagan. Se acomodan en un recipiente y se les agrega azúcar, agua, vainilla y canela, en ese orden. Luego se tapa y se deja cocer a fuego lento durante una hora y media aproximadamente, sin mover. Se retira del fuego y se deja enfriar antes de refrigerar. Al servir se adorna con los cubos de queso.

UCHEPOS

Fotografía: Sergio Martínez

Rinde 6 porciones

Grado de dificultad: medio

Tiempo de preparación: 1 hora

INGREDIENTES

10 elotes tiernos • ½ taza de leche • 2 cucharadas de azúcar • 1 cucharadita de sal • 3 cucharadas de mantequilla derretida.

....

Quitar las hojas de los elotes con mucho cuidado para que no se rompan y dejarlas a un lado. Desgranar los elotes; se deben reunir 5 tazas de granos. Colocarlos en un tazón. Revolver los granos con las manos húmedas y sacar los pelitos que pudieran haberse quedado adheridos. En un procesador de alimentos poner una taza de granos de maíz con un poco de leche hasta obtener una consistencia espesa. Repetir la operación con las otras 4 tazas de granos de maíz. Mezclar el azúcar con la sal, agregar la mantequilla y ligar todo bien. Colocar la rejilla de la vaporera y agregar 1 cm de agua. Cubrirla con un lecho de las hojas más duras que se reservaron. Extender una hoja tierna, colocar una cucharada de relleno en ella. Enrollarla sin apretar demasiado, doblando la punta hacia arriba. Colocar los uchepos con las puntas hacia abajo. Cubrir con otra capa de hojas de maíz y tapar la vaporera. Cuando el agua comience a hervir, bajar el fuego y cocer durante una hora hasta que el relleno adquiera consistencia. Dejar enfriar los uchepos por lo menos 30 minutos. Pueden servirse envueltos en las hojas o sin ellas. Colocar en cada plato con un poco de salsa mexicana y una cucharada de crema. También pueden servirse solos.

MOLE
DE CHILAPA

Fotografía: Sergio Martínez

Rinde 8 porciones

Grado de dificultad: medio

Tiempo de preparación: 2 horas

INGREDIENTES

2 pollos de aproximadamente 1 ½ kilos
cortado en piezas • 3 litros agua • 5 tazas
de caldo de pollo • 4 dientes de ajo
• ½ cebolla • 1 cucharada de sal.

Mole

½ taza, más 3 cucharadas de aceite
• 220 g de chiles anchos desvenados y sin
semillas • 90 g de chiles pasilla desvenados
y sin semillas • 315 g de chiles mulatos
desvenados y sin semillas • ¾ de kg de
tomates • 1 cebolla picada • 10 dientes
de ajo • ½ kg de plátano macho
• 150 g de almendras peladas • 100 g de
cacahuates • 200 g de semilla de calabaza
• 8 clavos de olor • 4 granos de pimienta
negra • 1 ramita de canela de unos
4 cm • ½ cucharadita de semillas de anís
• 90 g de uvas pasas, sin semilla • 90 g de
chocolate de cocina (sin azúcar)
• 1 cucharada de azúcar • 2 cucharadas
de sal, o al gusto • ½ taza de ajonjolí.

En una olla grande poner el pollo, el agua, el ajo, la
cebolla y la sal. Cubrir con 3 litros de agua y hervir a
fuego medio. Tapar cuando empiece a hervir y cocer a fuego lento durante 20 minutos, o hasta que el pollo
esté casi tierno, dando vuelta a las piezas una sola vez. Escurrir, reservando el caldo. Una vez listo el mole, agregar
las piezas de pollo, tapar y cocer a fuego medio durante
15 minutos. En una sartén pequeña tostar el ajonjolí a
fuego medio. Servir el mole espolvoreado con las semillas
de ajonjolí. Acompañarlo con arroz a la mexicana, frijoles
refritos y tortillas.

Mole

Calentar 3 cucharadas de aceite en una sartén, añadir los
chiles mulato, pasilla y ancho, y saltear 2 minutos; pasarlos a un recipiente y dejarlos en remojo en agua caliente
durante 30 minutos. Escurrir los chiles y luego molerlos.
Reservar. Asar los tomates, pelarlos, molerlos y reservar. En el mismo aceite en el que se saltearon los chiles,
saltear la cebolla y el ajo hasta que estén transparentes.
Retirarlos y hacer un puré. Saltear el plátano macho y las
almendras durante 8 minutos en el mismo aceite, añadir
los cacahuates, las semillas de calabaza, los clavos, la
pimienta, la canela, las semillas de anís y saltear durante 5
minutos más. Moler este conjunto con las pasas. Calentar
la taza de aceite en una cacerola grande, agregar todos
los ingredientes molidos y cocer durante 10 minutos moviendo constantemente. Añadir el chocolate y el azúcar.
Cuando la mezcla hierva, añadir 5 tazas del caldo de pollo.
Tapar y seguir cociendo a fuego lento durante 15 minutos.
Agregar la sal y comprobar la sazón. Si el mole está demasiado espeso agregar más agua.

BIEN
ME SABES

Rinde 6 porciones
Grado de dificultad: medio
Tiempo de preparación: 1 hora

INGREDIENTES

Mamón

4 huevos • 150 g de azúcar refinada
• 20 ml de vainilla • 150 g de harina • 100 g
de almedra fileteada y tostada • pasitas.

Jarabe de vino de consagrar

1 taza de agua • 1 raja de canela
• 50 ml de vino de consagrar.

Crema de almendras

3 tazas de leche • 100 g de azúcar refinada
• 2 rajas de canela • 100 g de maicena
• ¾ de taza de agua • 100 g de almendra
en polvo.

Mamón

Batir los huevos con el azúcar hasta obtener una mezcla cremosa. Agregar la vainilla e incorporar la harina. Una vez listo, vaciar la mezcla en un molde empapelado y engrasado. Hornear a 180 °C por 30 minutos. Sacar el mamón del molde y dividirlo longitudinalmente con un hilo de nylon en 2 mitades, para poder rellenarlo. Humedecer la parte inferior con la mitad del jarabe del vino de consagrar y cubrirlo con la mitad de la crema de almendras hasta extenderlo perfectamente bien. Cubrir con la otra mitad el mamón y humedecer de nuevo con el resto del jarbe de vino de consagrar. Cubrirlo totalmente con la crema de almendras restante. Decorar con almendras fileteadas y tostadas y pasitas.

Jarabe de vino de consagrar

En una cacerola pequeña hervir el agua con la canela, dejar enfriar y colar. Añadir el vino de consagrar y dejarlo reposar.

Crema de almendras

Poner en una olla la leche, el azúcar y la canela. Disolver la fécula de maíz en el agua y agregar a la olla moviendo constantemente con una cuchara de madera. En un recipiente mezclar las yemas con la almendra en polvo, revolver muy bien. Vaciar la mitad de la mezcla de leche, azúcar y canela con las yemas y almendras. Revolver muy bien. Vaciar esta mezcla al recipiente donde quedó la otra mitad de la mezcla de leche. Poner a fuego lento por 3 minutos moviendo constantemente con una cuchara de madera. Retirar la canela y dejar enfriar.

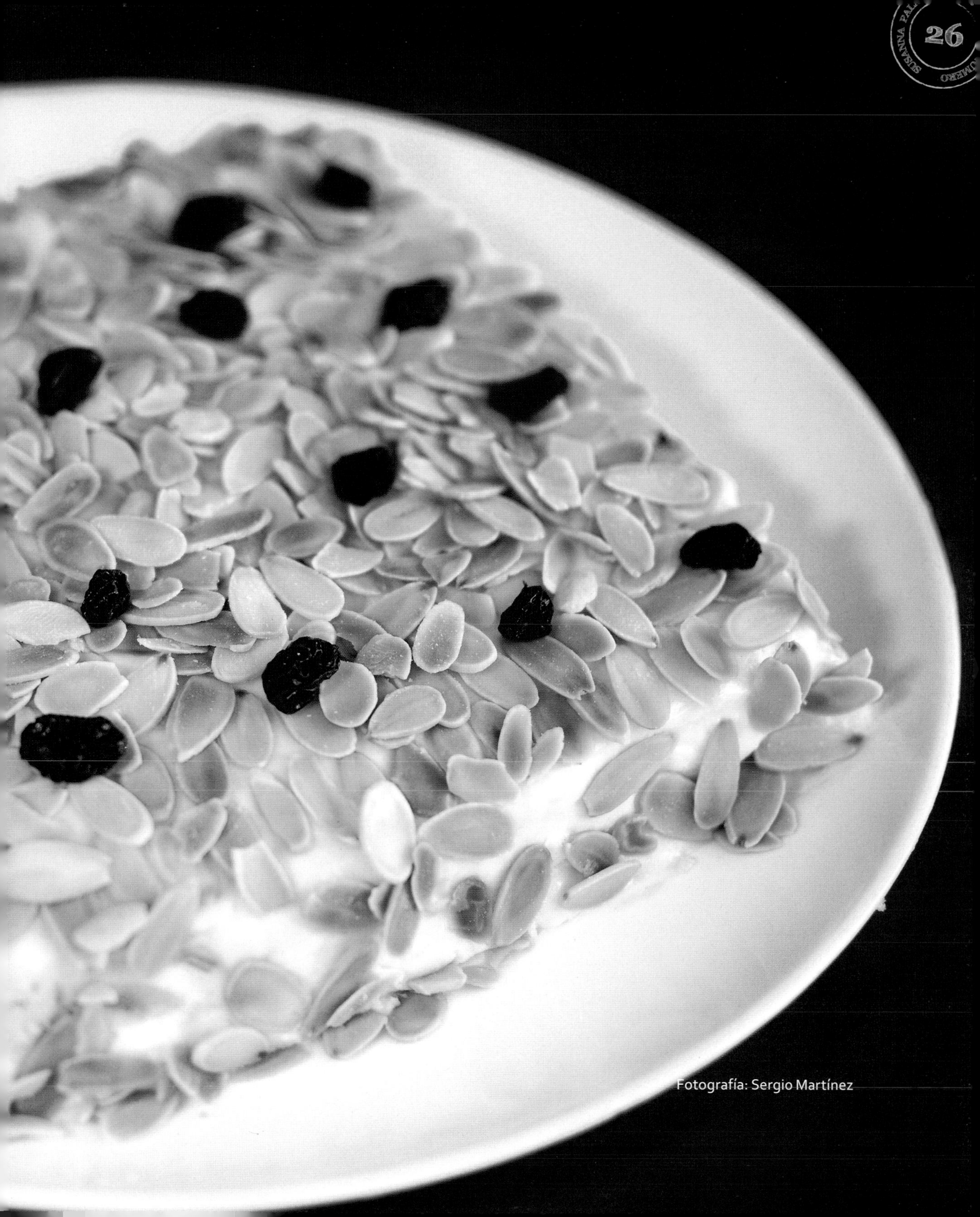

Fotografía: Sergio Martínez

ENSALADA DE CAMARONES CON VINAGRETA DE CILANTRO

Fotografía: Sergio Martínez

Rinde 6 porciones

Grado de dificultad: sencillo

tiempo de preparación: 30 minutos

INGREDIENTES

30 camarones U10 pelados y desvenados
• ¼ de taza de aceite de oliva extravirgen
• 3 ajos picados finamente • sal y pimienta
al gusto • 3 elotes sin hojas • 400 g de
lechugas surtidas • 2 tazas de queso
manchego rayado • 4 jitomates sin semillas
y cortados en gajos • 1 pimiento morrón
grande cortado en tiras • 2 tazas de tortillas
cortadas en tiras • 6 hojas de cilantro
para decorar • 6 gajos de limón.

Vinagreta de cilantro

½ taza de vinagre de arroz • ¼ de taza
de jugo de limón fresco • 2 cucharadas
de miel de abeja • 1 diente de ajo, picado
finamente • 1 ½ cucharaditas de chile
chipotle adobado • ½ cucharadita de sal
• ¾ de taza de aceite de cártamo o maíz
• 1 taza de hojas de cilantro.

En un recipiente, marinar los camarones limpios con el aceite de oliva, el ajo, la sal y la pimienta y refrigerar mientras se prepara un asador o parrilla de carbón y engrasar ligeramente sus barrotes. Poner el elote en la parrilla y dar vuelta para que se dore uniformemente, aproximadamente 3 minutos. Pasarlo a un plato y desgranar. Escurrir los camarones y parrillarlos hasta que sus orillas cambien de color, como 2 minutos, voltear y dejar otros 2 minutos más. Pasar a un recipiente y reservar. Combinar las lechugas, los granos de elote, el queso manchego, los jitomates y los pimientos morrones en una ensaladera. Rociar con la vinagreta y revolver para que se mezcle bien. Sazonar con sal y pimienta. Servir en platos individuales, colocar las tiras de tortilla en el centro y 5 camarones alrededor, adornar con una hoja de cilantro, un gajo de limón y servir.

Vinagreta de cilantro

Para preparar la vinagreta: mezclar el jugo de limón, la miel ,el ajo, el chipotle y la sal en un procesador de alimentos. Agregar el aceite y el cilantro y moler hasta que adquiera una consistencia homogénea.

FILETE CON SALSA DE HUITLACOCHE Y SALSA DE REQUESÓN

Fotografía: Ricci Reynoso

Rinde 6 porciones

Grado de dificultad: medio

Tiempo de preparación: 1 hora

INGREDIENTES

6 filetes de 200 g cada uno • 1 cucharadita de pimienta negra • 1 cucharada de salsa de soya • 1 cucharada de salsa inglesa • 2 dientes de ajo • ¼ de taza de aceite de oliva • 1 cucharada de mantequilla • sal y pimienta al gusto.

Salsa de huitlacoche

¼ de taza de aceite • 1 cebolla finamente picada • 3 dientes de ajo finamente picados • 6 chiles pasilla finamente picados • 3 chiles de árbol finamente picados • 5 tomates finamente picados • 1 kg de huitlacoche picado • 1 cucharada de hojas de epazote picadas.

Salsa de requesón

500g de requesón • ½ litro de crema espesa • ½ cebolla picada • 5 chiles serranos • 2 cucharadas de mantequilla.

En una licuadora ponga la pimienta, la salsa de soya, la salsa inglesa y el ajo, mézclelos durante 3 minutos. Ponga los filetes en un recipiente a que se marinen durante 30 minutos. En una sartén a fuego alto añada el aceite y derrita la mantequilla para la carne. Dore la carne de res durante 3 minutos de cada lado, o más tiempo si lo desea, sazone con sal y pimienta y retírela de la lumbre. Sirva el platillo colocando un filete en el centro de cada plato, cúbralo con la salsa de huitlacoche y sirva la salsa sobre el filete o a un lado.

Salsa de huitlacoche

En una cacerola caliente el aceite, añada las cebollas y el ajo, saltee hasta que estén transparentes. Agregue los chiles y los tomates; sazone con sal y pimienta. Cocine a fuego alto hasta que la salsa comience a espesar; agregue el huitlacoche y el epazote y cocine a fuego lento hasta que la salsa espese.

Salsa de requesón

En una licuadora mezcle el requesón, la crema, la cebolla, y los chiles, hasta tener una mezcla uniforme. Caliente la mantequilla en una cacerola y añada la mezcla previamente licuada para que se caliente bien, cuidando que no hierva.

PUERCOESPÍN

Fotografía: Ricci Reynoso

Rinde 15 porciones

Grado de dificultad: sencillo

Tiempo de preparación: 30 minutos

Requiere 3 horas de refrigeración

INGREDIENTES

¾ de taza de mantequilla • 1 taza
de azúcar • 3 yemas de huevo
• 2 cucharadas de licor de café
• 3 cucharadas de café instantáneo,
disuelto en 2 cucharadas de agua caliente
• 24 galletas soletas • ¼ de taza de
almendras finamente fileteadas
y tostadas ligeramente.

En un procesador de alimentos acreme la mantequilla y en forma gradual añada el azúcar. Agregue las yemas de huevo, una a la vez, y continúe batiendo, añada el licor de café y el café disuelto ya frío y bata hasta que esté bien incorporado. En un platón ponga un poco de esta mezcla y extiéndala para formar una delgada capa oval. Cubra con 10 soletas y añada más mezcla para cubrir los huecos. Coloque 8 soletas más en el centro y añada más mezcla. Repita esta operación con las 6 soletas restantes en el centro y cubra todo con la mantequilla sobrante, debe tener la forma de la mitad de un balón de fútbol americano. Cubra esta forma oval con las almendras, insertándolas verticalmente para simular las púas del puercoespín. Se debe enfriar el postre antes de servirlo.

AGUA DE PEPINO CON JÍCAMA

Fotografía: Sergio Martínez

Rinde 2 litros

Grado de dificultad: sencillo

Tiempo de preparación: 15 minutos

Requiere refrigeración

INGREDIENTES

Medio pepino grande, pelado y sin semillas • una jícama grande pelada • el jugo de 2 limones • 130 g de azúcar o al gusto • 6 tazas de agua.

Cortar en trozos la mitad de pepino y la jícama; licuarlos en 2 tazas de agua. Reservar. En una jarra, de preferencia de cristal, verter el licuado de pepino y jícama, el jugo de limón, el azúcar y el resto del agua; mezclar y refrigerar hasta el momento de servir.

COSTILLAS CON HABAS Y VERDOLAGAS EN SALSA VERDE

Fotografía: Sergio Martínez

Rinde 6 porciones

Grado de dificultad: medio

Tiempo de preparación: 4 horas

INGREDIENTES

1 cucharadita de comino molido • 8 dientes de ajo picados • sal y pimienta al gusto • 2 ½ kg de costillar de cerdo cortado en trozos • 3 cucharadas de aceite.

Salsa verde

6 tazas de agua • 8 dientes de ajo • ½ cebolla partida en trozos • 10 chiles serranos • 1 ½ kg de tomates verdes sin cáscara • 10 ramitas de cilantro fresco • 5 tazas de verdolagas limpias • 5 tazas de habas previamente cocidas • sal y pimienta.

Mezclar el comino con el ajo y la sal y untar las costillas con esta mezcla, dejar reposar 2 horas. En una cacerola poner las costillas con agua hasta cubrirlas. Cuando comience a hervir, bajar el fuego, tapar y cocer hasta que el agua se haya evaporado y la carne esté tierna, aproximadamente 90 minutos. En una sartén agregar aceite y freír las costillas durante 15 minutos. Freír el puré de tomate verde con 2 cucharadas de aceite en una sartén grande. Dejar que comience a hervir, reducir el fuego y dejar cocer durante 15 minutos. Agregar las verdolagas y las habas previamente cocidas y hervir 5 minutos más. Incorporar esta salsa a la cacerola con las costillas. Mezclar bien y cocer a fuego lento durante 15 minutos; sazonar con sal y pimienta. Servir acompañado de arroz blanco y frijoles.

Salsa verde

En una cacerola grande poner el agua, los dientes de ajo, la cebolla y los chiles y cocer durante 10 minutos. Añadir los tomates verdes y seguir cociendo durante otros 10 minutos. En un procesador de alimentos licuar los tomates verdes, los chiles, el ajo y la cebolla hasta hacer un puré, agregar 3 tazas del agua en donde se cocieron. Añadir el cilantro y procesar unos minutos más de manera que el cilantro apenas se muela. Adelgazar la salsa con un poco más del agua de los chiles, en caso de que se requiera.

CAPIROTADA

Fotografía: Sergio Martínez

Rinde 6 porciones

Grado de dificultad: sencillo

Tiempo de preparación: 1 hora

INGREDIENTES

30 rebanadas de bolillo o *baguette* de un día anterior • ½ taza de mantequilla • 3 tazas de queso añejo tipo chihuahua • 1 taza de pasitas • 2 tazas de nueces o cacahuates picados.

Jarabe

1 cono de piloncillo • 3 ½ tazas de agua • 2 ramitas de canela • 5 clavos de olor • 1 ½ tazas de leche.

Tostar las rebanadas de pan hasta que estén doradas y untarlo con la mantequilla. Precalentar el horno a 200 °C. Remojar cada rebanada en el jarabe y poner una capa de pan en el fondo de una cazuela o una cacerola. Espolvorear con parte del queso, de las pasas y las nueces; repetir la operación hasta terminar con todos los ingredientes. Distribuir sobre la capirotada el jarabe sobrante. Cubrir la cacerola con papel de aluminio y hornear durante 20 minutos. Bajar la temperatura del horno a 150 °C y hornear durante otros 30 minutos. Servirla tibia.

Jarabe

Mezclar el piloncillo, el agua, la canela y los clavos en una cacerola y dejar hervir, moviendo constantemente hasta obtener la consistencia de un jarabe ligero. Retirar del fuego y agregar la leche.

CREMA
DE ELOTE

Rinde 6 porciones

Grado de dificultad: sencillo

Tiempo de preparación: 90 minutos

INGREDIENTES

3 tazas de leche • 6 elotes desgranados

• 2 ramos chicos de epazote

• ¼ de cebolla blanca picada • 3 cucharadas

de mantequilla • 1 litro de caldo de pollo

• 2 tazas de crema espesa • sal y pimienta

blanca al gusto.

Presentación

1 taza de granos de elote cocidos

• 1 cucharada de mantequilla.

Cueza a fuego medio la leche, el epazote y los granos de elote hasta que estén tiernos. Reserve. Acitrone la cebolla con la mantequilla e incorpore a la mezcla anterior. Licúe hasta obtener una mezcla homogénea y cuele. Vacíe la mezcla en la olla donde acitronó la cebolla. Cuando hierva agregue el caldo de pollo, la crema y sazone con sal y pimienta. Deje hervir por segunda ocasión y retire del fuego.

Presentación

Saltee los granos de elote en la mantequilla. Reserve. Sirva la sopa en platos hondos y adorne con los granos de elote salteados y unas hojas de epazote.

PIERNA
DE CERDO
ADOBADA

Rinde 8 porciones

Grado de dificultad: medio

Tiempo de preparación: 2 horas

Requiere refrigeración

INGREDIENTES

2 tazas (½ litro) de jugo de naranja fresco • 8 chiles anchos desvenados y sin semillas • 10 chiles pasilla desvenados y sin semillas • ¼ de cebolla • ⅓ de taza (80 ml) de vinagre de manzana • 12 dientes de ajo • 1 cucharadita de tomillo seco • 5 clavos de olor • 1 cucharadita de comino en polvo • 1 cucharada de orégano seco • 1 ramita de canela de unos 5 cm • 6 granos de pimienta gorda (pimienta inglesa) o 6 de pimienta negra • 2 cucharadas de sal • 1 pierna de cerdo de aproximadamente 4 ½ kg • 2 cucharadas (30 g) de manteca de cerdo.

En una cacerola pequeña calentar 250 ml de jugo de naranja. Asar los chiles sobre un comal o sartén de hierro, y dejarlos remojando en el jugo de naranja durante 20 minutos. En un procesador de alimentos moler los chiles con el jugo en el que se remojaron, la cebolla y el vinagre. Reservar. En un molcajete o mortero moler el ajo, el tomillo, el clavo, el comino, el orégano, la canela, la pimienta y la sal. Agregar los chiles molidos y mezclar bien. Añadir jugo de naranja suficiente para diluir la mezcla hasta que adquiera consistencia de yogur. Perforar toda la superficie de la pierna con un tenedor. Colocarla en un recipiente para horno, bañarla con la salsa de los chiles y el jugo de naranja, taparla y dejarla en refrigeración por lo menos durante 6 horas, (o si es posible toda la noche). Darle vuelta de vez en vez. Dos horas antes de meterla al horno, untar la pierna con la manteca. Dejarla reposar unos minutos en la salsa. Precalentar el horno a 180°C. Cubrir la pierna en el recipiente para horno con papel aluminio y hornear durante 2 horas, bañando la pierna de vez en cuando con su jugo. Dar vuelta a la carne, taparla de nuevo y hornear una hora más. Cuando esté bastante tierna (el tenedor debe entrar sin dificultad), después de 2 o 3 horas, subir la temperatura a 230°C, quitar el papel aluminio y dejarla de 5 a 10 minutos más, o hasta que se dore sin que llegue a quemarse. Dejarla reposar durante 15 minutos antes de cortarla para servir. Si se desea, duplicar la cantidad de la salsa y presentarla en una salsera para acompañar la carne.

TEJOCOTES EN ALMÍBAR

Fotografía: Ramón Outón

Rinde 6 porciones

Grado de dificultad: sencillo

Tiempo de preparación: 1 hora

INGREDIENTES

750 ml de agua • 1 kg de azúcar
• 2 rajas de canela • 5 piezas de anís
estrella • 2 clavos de olor • 1 kg de tejocotes
pelados • 1 taza de crema ácida.

En una cacerola grande coloque 750 ml de agua con el azúcar hasta que hierva. Agregue las rajas de canela, el anís, los clavos y los tejocotes. Cocine a fuego lento y sin tapar hasta que espese y adquiera la consistencia de jarabe. Deje enfriar y refrigere por lo menos 30 minutos. Sirva en un bol con el almíbar frío. Adorne con una cucharada de crema ácida.

JUGO VERDE

Fotografía: Sergio Martínez

Rinde 1 porción

Grado de dificultad: sencillo

Tiempo de preparación: 15 minutos

INGREDIENTES

10 ramitas de perejil • 1 rebanada de piña
• el jugo de 2 toronjas • ½ nopal.

Mezclar todos los ingredientes en una licuadora o procesador de alimentos. Servir en vasos con hielo.

122

OMELETTE DE SALMÓN

Fotografía: Sergio Martínez

Rinde 1 porción

Grado de dificultad: sencillo

Tiempo de preparación: 15 minutos

INGREDIENTES

2 huevos • 1 cucharadita de crema • sal y pimienta al gusto • 1 cucharada de mantequilla • 2 rebanadas de salmón ahumado cortado en tiras.

Batir los huevos ligeramente junto con la crema, sal y pimienta. Derretir la mantequilla en una sartén pequeña a fuego medio-alto y agregar los huevos una vez que esté caliente. Cuando el borde de los huevos se levante con facilidad, colocar el salmón en un lado y enrollar. Si el huevo se dora, bajar el fuego. Colocar en un plato y servir.

PATAS

Fotografía: Sergio Martínez

Rinde 6 porciones

Grado de dificultad: medio

Tiempo de preparación: 90 minutos

Requiere reposo

INGREDIENTES

3 paquetes de 7 g de levadura natural seca • ¼ de taza de agua tibia • ¾ de kg de harina de trigo • 5 huevos • ¾ de taza de azúcar • 5 huevos, separar las claras de las yemas • 1 ½ tazas de mantequilla a temperatura ambiente • azúcar para espolvorear.

Disolver la levadura en agua tibia. Poner en un recipiente 2 tazas de harina y hacer un hueco en el centro. Agregar un huevo y 1 cucharada de azúcar en el hueco y añadir la levadura disuelta. Mezclar muy bien los ingredientes con los dedos. Enharinar una superficie plana y amasar durante 15 minutos o hasta que se escuche estallar pequeñas burbujas. En un recipiente poner las claras cerca de la mesa de trabajo y humedecer con ellas las manos cuando la masa se sienta seca. Formar una bola y hacerle una cruz en la parte superior con un cuchillo. Colocarla en otro recipiente ligeramente engrasado, cubrirlo con un paño limpio y dejar reposar en un lugar templado hasta que empiece a esponjarse. Poner las 4 tazas restantes de harina en otro recipiente grande, hacer un hueco en el centro y colocar en él los 4 huevos restantes, las 5 yemas y el azúcar. De nuevo mezclar con los dedos. Añadir la masa que se dejó reposar y amasar muy bien todos los ingredientes hasta conseguir una masa tersa. Continuar trabajando la masa durante 30 minutos o hasta que

forme pequeñas burbujas. Extenderla y formar un cilindro de 50 cm de largo por 7 u 8 de ancho y cortarlo en 12 trozos. Engrasar cada trozo con mantequilla. Tomar uno con las yemas de los dedos bien engrasadas y estirarlo desde el centro hacia las orillas hasta formar un cuadrado de 30 cm de largo. Engrasarlo con bastante mantequilla y cortarlo en 3 tiras. Enrollar una tira sobre un cilindro de 2 cm de diámetro engrasado. Enrollar la segunda tira sobre la primera y la tercera sobre las otras dos. Deslizar el rollito sobre un recipiente para horno previamente engrasado con mantequilla. Repetir hasta terminar con los 12 trozos. Dejar suficiente espacio entre cada rollo para que no se peguen. Poner el recipiente para horno en un lugar caliente, cubrirlo y dejarlo durante 3 horas hasta que los rollitos esponjen. Precalentar el horno a 180 °C. Espolvorear una cucharada de azúcar sobre cada rollo y hornear 30 minutos hasta que los rollos estén ligeramente dorados. Retirarlos y dejarlos enfriar un poco. Servirlos calientes.

MARGARITA DE JÍCAMA

Rinde 1 porción

Grado de dificultad: sencillo

Tiempo de preparación: 5 minutos

INGREDIENTES

¼ de taza de tequila blanco • ¼ de taza de *cointreau* • ¾ de taza de jícama licuada • ½ limón, su jugo • 1 taza de hielo picado • 1 cucharadita de azúcar • 1 cucharadita de chile piquín o 1 cucharada de sal • 1 barrita de jícama • 1 trocito de sandía para decorar.

....

Mezclar en una licuadora el tequila, el *cointreau*, la jícama licuada, el jugo de medio limón y el hielo, hasta que el hielo esté medio deshecho. Agregar el azúcar si es necesario. Preparar el borde de una copa con sal o chile piquín en polvo, decorar con una barrita de jícama y con un trocito de sandia y servir.

Fotografía: Ramón Outón

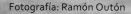
Fotografía: Ramón Outón

TOSTADAS DE ATÚN CON SALSA MEXICANA Y PORO FRITO

Rinde para 6 personas
Grado de dificultad: sencillo
Tiempo de preparación: 30 minutos

INGREDIENTES

18 tostadas medianas • ½ taza de mayonesa
• **1 cucharadita de chile chipotle adobado
molido** • 600 g de atún cola amarilla sin piel y
cortado en cubos pequeños • **sal y pimienta
recién molida al gusto** • 3 tomates maduros
picados • ½ **taza de cebolla picada** • 6 chiles
serranos picados • ½ **taza de cilantro picado**
• **2 cucharaditas de sal** • 2 cucharaditas de jugo
de limón • **juliana de poro de 10 cm de largo**
• ½ **taza de harina** • ½ taza de aceite.

Mezclar en una taza la mayonesa con el chile chipotle. Sazonar el atún con sal y pimienta. Mezclar los tomates, la cebolla, los chiles, el cilantro, la sal y el jugo de limón en una salsera, remover bien. En una sartén colocar el aceite a fuego medio; enharinar la juliana de poro y freír en el aceite caliente unos segundos para que se dore, cuidando que no se queme. Para preparar las tostadas untarlas con la mayonesa, y colocar el atún encima con una cucharada de la salsa y espolvorear con el poro frito.

Fotografía: Ricci Reynoso

BARRAS DE LIMÓN

Rinde 6 porciones

Grado de dificultad: medio

Tiempo de preparación: 1 hora

Requiere refrigeración

INGREDIENTES

Corteza

1 ½ tazas de harina • ¾ de tazas de azúcar glas • 3 cucharadas de fécula de maíz • ⅛ de cucharadita de sal • 1 cucharada de rayadura de limón • 1 ½ barras de mantequilla sin sal.

Cobertura

4 huevos • 1 ½ tazas de harina • 1 taza de azúcar • ¼ de taza de leche • 1 pizca de sal • 1 cucharada de rayadura de limón • azúcar glas para decorar • ½ taza de jugo de limón.

Corteza

Precalentar el horno a 180 ºC. Engrasar un molde rectangular poco profundo para hornear. En un procesador de alimentos, mezclar harina, azúcar, maicena, sal y ralladura de limón. Con el procesador encendido agregar poco a poco los trozos de mantequilla hasta formar una masa grumosa. Verter la mezcla en el molde y aplanar con los dedos a lo largo y ancho de forma uniforme, formando una costra de aproximadamente 5 cm de ancho. Hornear durante 25 a 30 min o hasta que esté ligeramente dorada. Sacar del horno y dejar enfriar. Reducir la temperatura a 160 ºC. Vaciar la cobertura sobre la costra y ya horneado meter nuevamente al horno durante 30 minutos y dejar enfriar a temperatura ambiente. Refrigerar por lo menos 2 horas. Cortar en tiras o barras, espolvorear con azúcar glas y servir.

Cobertura

En un tazón batir los huevos hasta suavizar, agregar el azúcar, harina y sal hasta que se incorporen bien. Agregar el jugo de limón, leche y la ralladura de limón.

VICHYSSOISE CON PORO FRITO

Rinde 6 porciones

Grado de dificultad: sencillo

Tiempo de preparación: 60 minutos

INGREDIENTES

3 cucharadas de mantequilla • 6 poros medianos cortados en trozos (reservar ½ poro) • ½ kilo de papas, peladas y cortadas en rebanadas • 6 tazas de caldo de pollo • 1 taza de crema • sal y pimienta • 1 taza de aceite.

Derretir la mantequilla en una cacerola grande, añadir los poros y saltear durante 20 minutos. Agregar las papas y el caldo de pollo. Tapar y cocinar durante 30 minutos o hasta que estén tiernas. En un procesador de alimentos hacer un puré con el poro, las papas y el caldo de pollo. Antes de servir agregar la crema, comprobar la sal y la pimienta. Poner a enfriar. La mitad del poro reservada para la guarnición se debe de cortar en juliana, de manera que queden bastoncitos aproximadamente de 5 cm de largo muy delgaditos. En una sartén calentar el aceite y freír el poro hasta que se dore. Escurrir y reservar. Servir la sopa cuando esté bien fría, espolvorear con el poro frito.

Fotografía: Ignacio Urquiza

TORTIGLIONI CON SALSA DE MORILLAS

Rinde 6 porciones

Grado de dificultad: medio

Tiempo de preparación: 60 minutos

INGREDIENTES

4 cucharadas de mantequilla en cubitos
• 6 rebanadas de queso de cabra cortado
en rebanadas • 6 hojas de albahaca cortada
en juliana • sal y pimienta
al gusto.

Pasta

2 litros de agua • 500 g de *tortiglioni*
• 4 hojas de laurel • ½ cucharada de sal
gruesa • 2 cucharadas de aceite de oliva

Salsa de morillas

100 g de morillas secas, remojadas
en agua durante 30 minutos y picadas
• 2 cucharadas de mantequilla • 7 piezas
de chalotes picados finamente
• 10 cucharadas de oporto • 3 cucharadas
de *demi glass* disuelto en 2 tazas de agua
caliente • 6 cucharadas de crema.

En una sartén caliente agregue las cuatro cucharadas de mantequilla, cuando se derrita agregue la pasta y la salsa de morillas, mezcle bien y sazone con sal y pimienta. Para servir ponga una porción de pasta sobre un plato trinche u hondo y coloque una rebanada de queso de cabra, decore con la albahaca fileteada.

Pasta

Poner a hervir el agua en una cacerola, agregar el *tortiglioni*, el laurel, la sal y el aceite de oliva. Su cocimiento dura 13 minutos. Escurrir la pasta y conservar a temperatura ambiente para que mantenga su sabor.

Salsa de morillas

En una cacerola a fuego medio agregue las morillas y la mantequilla hasta que se suavicen, aproximadamente 5 minutos. Incorporar el chalote, el oporto y el *demi glass* hasta que hierva sin tapar y las morillas se cuezan. Incorpore la crema. Sazonar al gusto con sal y pimienta, hervir nuevamente y corregir la sazón.

FLAN BLANCO

Rinde 6 porciones

Grado de dificultad: medio

Tiempo de preparación: 2 horas

INGREDIENTES

12 claras de huevo • ⅛ de cucharadita de sal • ½ cucharadita de cremor tártaro • 1 taza de azúcar • 2 cucharaditas de esencia de vainilla • 1 cucharadita de esencia de almendra.

Caramelo

2 tazas de azúcar • ½ cucharadita de sal • 1 cucharadita de esencia de vainilla • ½ cucharadita de esencia de almendra.

Cubierta

1 taza de crema de leche espesa • ½ cucharadita de sal • 1 cucharada de azúcar glas • 1 cucharadita de esencia de vainilla • ½ cucharadita de esencia de almendra • 200 g de almendras tostadas, peladas y partidas a la mitad para adornar.

Precalentar el horno a 180 grados centígrados. Verter el caramelo en un molde de rosca con capacidad para 2 litros hasta que cubra el fondo y los lados. En un recipiente poner las claras de huevo, agregar la sal y el cremor tártaro, batir hasta que las claras formen picos. Integrar el azúcar y las esencias. Pasar esta mezcla al molde con caramelo que ya debe estar duro. En una cazuela mayor con 5 cm de agua hirviendo colocar el molde a baño maría y hornear aproximadamente 60 minutos. Sin sacar el molde apagar el horno dejando la puerta entreabierta durante 15 minutos. Sacarlo y ponerlo en un lugar donde no haya corrientes de aire. Una vez que el molde se haya enfriado, desmoldar el flan sobre el recipiente en el que se va a servir y cubrirlo con la salsa de caramelo. Poner en el molde ½ taza de agua para quitar el caramelo que se quedo pegado, ponerlo a fuego alto y agitar hasta que se desprenda. Dejar enfriar y repartir el caramelo sobre el flan. Colocar la crema de la cubierta sobre el flan y espolvorear con las almendras.

Caramelo

Colocar los ingredientes del caramelo en una cacerola de paredes gruesas y ponerla a fuego medio, agitar hasta que el azúcar se derrita.

Cubierta

Batir la crema con una pizca de sal. Mezclar con el azúcar y las esencias cuando empiece a espesar y batir hasta que esponje.

Fotografía: Ignacio Urquiza

Fotografía: Ramón Outón

ROLLITOS DE CALABACITAS RELLENOS CON QUESO CREMA

Rinde para 6 personas

Grado de dificultad: sencillo

Tiempo de preparación: 30 minutos

INGREDIENTES

2 cucharadas de aceite de oliva • 1 cebolla pequeña picada • 3 dientes de ajo picados • 5 jitomates pelados, sin semillas y picados • ½ cucharadita de azúcar al gusto • sal y pimienta al gusto • 1 pizca de orégano • 12 calabacitas largas • 570 g de queso crema.

Poner en una cacerola el aceite de oliva con la cebolla picada, acitronar durante 5 minutos, agregar el ajo y cocinar un minuto más. Agregar los jitomates picados, el azúcar, la sal, la pimienta y el orégano, cocinar moviendo constantemente durante 20 minutos o hasta que la salsa espese. Corregir la sazón. Precalentar el horno a 180 °C. Con una mandolina o cuchillo cortar las calabacitas a lo largo en láminas delgadas. Colocar 2 láminas de calabacita con un trozo de queso crema y enrollar. Colocar en un recipiente para horno y hornear durante 2 minutos. Servir porciones de 3 o 4 rollitos acompañados con la salsa de jitomate.

LOMO DE CERDO MECHADO CON CIRUELA PASA Y CHIPLOTE

Fotografía: Ignacio Urquiza

Rinde 6 porciones

Grado de dificultad: medio

Tiempo de preparación: 1 hora

Requiere marinado y refrigeración

INGREDIENTES

1 lomo de cerdo de 1 ½ kg • 300 g de ciruelas deshuesadas y cortadas en mitades • 5 chiles chiplote en escabeche cortados en tiras • 1 diente de ajo machacado • sal y pimienta negra recién molida • 3 tazas de jugo de naranja fresco • 3 ½ cucharadas de harina de trigo • 2 cucharadas de aceite • 1 cebolla grande cortada en aros.

Con un cuchillo de mechar, o uno largo y estrecho bien afilado, hacer pequeñas incisiones a una distancia regular por todos los lados del lomo. Colocar una mitad de ciruela en una incisión y un chile en la otra, continuando hasta acabar con ambos ingredientes. Poner el lomo en un plato y untarlo con el ajo, la sal y la pimienta. Bañarlo con el jugo de naranja, taparlo con un paño limpio y refrigerarlo por lo menos durante 2 horas. Precalentar el horno a 180 ºC. Escurrir la carne y separar el adobo en el cual se marinó. Espolvorear la carne con la harina. Calentar el aceite en una sartén grande, y dorar un poco el lomo por todos lados (alrededor de 8 minutos). Colocar una capa de cebollas en el fondo de un recipiente para horno ligeramente engrasado y poner el lomo encima. Agregar la marinada de jugo de naranja y el jugo con el que se doró la carne y barrer bien el fondo con la pala de freír para que se separe lo se que hubiera adherido. Colar el líquido resultante, bañar con él la carne y espolvorearla con sal. Cubrir el recipiente con papel aluminio y meter al horno 30 minutos o hasta que el termómetro de carnes marque 80 ºC, dar vuelta a la carne y bañarla en su jugo. Dejar que se dore, sin cubrirla.

MERENGUE DE FRUTAS

Fotografía: Ignacio Urquiza

Rinde 6 porciones

Grado de dificultad: medio

Tiempo de preparación: 1 hora

INGREDIENTES

10 claras de huevo • 300 g de azúcar
• 3 cucharaditas de vinagre • 3 cucharaditas
de fécula de maíz • mantequilla, la
necesaria para engrasar el molde • 150 g de
fresas lavadas y desinfectadas • 150 g de
zarzamoras lavadas y desinfectadas • 150 g
de frambuesas lavadas y desinfectadas
• ½ taza de azúcar glas • ½ taza de agua
• ½ taza de licor de naranja • 2 ½ tazas
de crema dulce para batir • 125 g de azúcar
• 1 cucharadita de vainilla.

Presentación

200 g de fresas lavadas y desinfectadas
• 200 g de zarzamoras lavadas y
desinfectadas • 200 g de frambuesas
lavadas y desinfectadas.

Precalentar el horno a 180 °C por 20 minutos. Batir las claras hasta obtener picos suaves; espolvoree con el azúcar. Mezcle el vinagre con la fécula de maíz y agréguelo a las claras; bata hasta punto de turrón. Forrar una charola de horno con papel encerado y ligeramente engasado con la mantequilla; con una duya forme 18 círculos de merengue de 7 cm de diámetro. Meta la charola al horno y baje la temperatura a 140 °C. Cocine durante una hora aproximadamente; apague el horno después del tiempo transcurrido y repose los merengues dentro de él. Cuando estén fríos retirar y reservar. Muela las frutas en la licuadora, con el azúcar, el agua y el licor de naranja y reserve hasta la hora de servir. En una batidora trabaje la crema dulce a punto de *chantilly* junto con el azúcar y la vainilla, y refrigérela. Para servir en un plato de postre coloque un círculo de merengue y ponga la crema *chantilly* con una duya, acomode encima las fresas, las zarzamoras y las frambuesas, tape con otro círculo de merengue y cubra con más crema y fruta. Si lo desea puede sustituir con otro tipo de frutas.

AGRADECIMIENTOS

Este libro no hubiera sido posible sin la invaluable ayuda de los chefs Eduardo W. Palazuelos, Hugo Valdez, Elvira Peñaloza, Felipe de Jesús Antonio, José Antonio Pineda, Julio César Torreblanca, Banacek Gerardo Espejel y Martín Belela. Tampoco sin el apoyo de mi asistente, Aranza Alonso. Mi más sincero agradecimiento para todos ellos.

Susana Palazuelos

MIS MENÚS FAVORITOS

SUSANNA PALAZUELOS